살아 숨 쉬는
우리나라 인류무형문화유산

살아 숨 쉬는
우리나라 인류무형문화유산

초판 1쇄 발행 | 2017년 11월 25일

글쓴이 | 한미경
그린이 | 윤유리
펴낸이 | 조미현

책임편집 | 황정원
디자인 | 씨오디 Color of Dream

펴낸곳 | (주)현암사
등록 | 1951년 12월 24일 · 제10-126호
주소 | 04029 서울시 마포구 동교로 12안길 35
전화 | 02-365-5051 · 팩스 | 02-313-2729
전자우편 | child@hyeonamsa.com
홈페이지 | www.hyeonamsa.com
페이스북 | www.facebook.com/hyeonami
블로그 | blog.naver.com/hyeonamsa

ⓒ 한미경, 윤유리, 2017

ISBN 978-89-323-7456-7 73900

* 이 도서의 국립중앙도서관 출판시도서목록(CIP)은 e-CIP 홈페이지(http://www.nl.go.kr/ecip)와
  국가자료공동목록시스템(http://www.nl.go.kr/kolisnet)에서 이용하실 수 있습니다.
  (CIP제어번호 : CIP2017029589)
* 이 책은 저작권법에 따라 보호를 받는 저작물이므로 저작권자와 출판사의 허락 없이 이 책의 내용을
  복제하거나 다른 용도로 쓸 수 없습니다.
* 책값은 뒤표지에 있습니다. 잘못된 책은 바꾸어 드립니다.
* 현암주니어는 (주)현암사의 아동 브랜드입니다.

KC	제품명 도서	전화 02-365-5051
	제조년월 2017년 11월	제조국명 대한민국
	제조자명 (주)현암사	사용연령 9세 이상
	주소 서울시 마포구 동교로12안길 35	
주의사항 책 모서리에 부딪히거나 종이에 베이지 않도록 주의해 주세요.		
*KC마크는 이 제품이 공통안전기준에 적합하였음을 의미합니다.		

살아 숨 쉬는
우리나라 인류무형문화유산

글 | 한미경 그림 | 윤유리

현암주니어

머리말

　여러분, 이런 놀이 알아요?
　실뜨기, 딱지치기, 공기놀이, 사방치기, 자치기, 새총 놀이, 꽈리 불기, 풀피리 불기……. 제가 어렸을 때 유행하던 놀이에요. 요즘 어린이들에겐 낯선 것도 있지요? 여러분이 어른이 되면 이들 중 몇 가지가 남을까요?
　한때는 인기가 많아도 수십 년, 수백 년, 수천 년이 흐른 뒤에는 대부분 사라지고 말아요. 건물이나 책처럼 형태가 있는 것도 그렇고, 놀이 문화처럼 형태가 없는 것은 더욱 그렇지요.
　형태가 없는 무형문화지만 오랫동안 살아남는 게 있어요. 그건 사람들에게 무척이나 소중하고, 그 가치를 널리 인정받은 것들이지요. 사람들 입에서 입으로 이어지며, 생활에 깊이 녹아 쉽게 잊히지 않은 걸작일 테고요. 이런 무형문화유산을 사람들은 살아 있는 문화라고 말해요. 길고 긴 세월 동안 이어져 온 게, 마치 생명이 있는 것 같으니까요.
　국제연합 교육과학문화기구(유네스코)에서는 지구촌에 전해 내려오는 무형의 문화유산을 '인류무형문화유산'이라 이름 짓고, 해마다 가려 뽑아요. 인류무형문화유산은 자연과 역사가 저마다 다른 환경 아래, 지구촌 곳곳에서 다양하고 창의적인 문화로 전해져 왔어요. 오랜 세월 동안 쌓인 지식과 기술은 물론, 여러 사람들 앞에서 공연하는 예술, 문화적인 몸짓이나 소리 등, 모든 문화적 표현을 다 아우르지요.

유네스코가 인류무형문화유산을 정하는 이유는 무얼까요? 더 많은 지구촌 사람들이 유산의 가치를 알고, 즐길 수 있게 도우려는 거예요. 또 잘 보호하여 후손들에게 온전하게 물려주려는 거지요. '세계유산'이나 '세계기록유산'처럼 말이에요.

유네스코는 2017년 10월 현재까지 지구촌의 인류무형문화유산 429개를 정했어요. 그중에 우리나라 것은 19가지가 있어요. 이 책에서는 유네스코가 정한 우리나라의 19가지 인류무형문화유산을 모두 살펴볼 거예요.

우리나라의 다양하고 독특한 인류무형문화유산을 보면 조상들이 품어 온 가치를 엿볼 수 있어요. 어려운 때를 견뎌 낸 지혜의 숨결도 느낄 수 있어요. 좋은 때 여럿이서 어울린 놀이는 어깨가 들썩들썩 흥겹지요.

오래된 옛것이지만 하나하나 살피다 보면 세상을 이해하는 여러분의 마음이 한 뼘 두 뼘 자랄 거예요. 누가 알아요? 새로운 생각이 떠올라 새 문화를 이끄는 주인공이 바로 여러분이 될지!

여러분의 멋진 생각을 응원하며,
2017년.
한미경

 차례

머리말 · 4

1장. 기술을 뽐내다

 나무로 집을 짓는 최고의 장인 **대목장** · 8

 매를 부리는 **매사냥** · 18

 여름에 시원한 옷감 **한산 모시 짜기** · 28

 몸과 마음을 수련하는 무술 **택견** · 36

 바닷속을 누비는 최고의 잠수부 **제주 해녀 문화** · 44

2장. 정성을 올리다

 조상님께 드리는 정성 **종묘 제례와 종묘 제례악** · 56

 신나는 잔치 마당 **강릉단오제** · 70

 바람신께 비나이다 **제주 칠머리당 영등굿** · 78

 극락세계로 초대하는 **영산재** · 86

 잡귀야 물러가라 **처용무** ·96

3장. 나누고 즐기다

 놀이판의 종합 예술 **판소리** ·106

 보름달 아래서 손잡고 **강강술래** ·116

 최고의 기획 공연 **남사당놀이** ·124

 선비들의 노래 **가곡** ·132

 아슬아슬 재주도 좋아 **줄타기** ·140

 세상살이 고개 넘기 **아리랑** ·150

 김치를 담그고 나누는 문화 **김장** ·156

 풍년을 빌어 보세 **농악** ·164

 영차영차 힘을 모아 **줄다리기** ·172

참고한 자료 ·180

우리나라 건축은 예부터 목조 건축이 발달했어. 목조 건축은 건물의 뼈대를 나무로 짓는 거야. 나무를 맞추고, 이어 붙이고, 짜 맞추어 만드는 일이지. 나무를 다루는 일 중에서 궁궐이나 절이나 집을 짓는 것처럼 큰일을 대목이라고 불러. 대목을 하는 장인이 바로 대목장이야. 대목장은 나무를 고르는 일부터 건물을 다 지을 때까지 모든 건축 과정을 감독해. 이들이 책임지는 건물은 곧 한국 전통 건축의 기준이자 상징이 되었어.

1장. 기술을 뽐내다

나무로 집을 짓는 최고의 장인

대목장

역시, 전흥수에게 맡기면 잘할 줄 알았어!

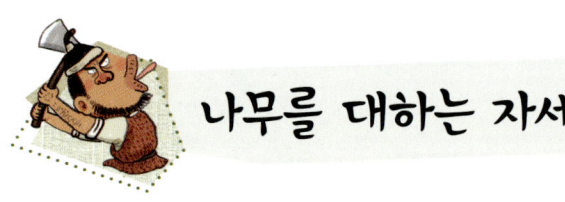
나무를 대하는 자세

"어명이오!"

역사극에는 이런 말이 자주 나와. 임금의 명령을 전할 때 하는 말이잖아. 옛날 목수들은 이 말을 사람이 아닌 나무한테 썼다고 해. 나무가 사약이라도 받는 걸까? 그건 아니지만 생명을 잃게 되는 처지는 같아.

궁궐을 지으라는 명령이 나면 목수들은 궁궐 지을 재료를 준비해. 숲을 다니면서 알맞은 나무를 찾고, 나무를 베기 전에는 의식을 치렀다고 해. 나무한테 도끼를 들이대기 전에 미리 '어명'이라고 알리는 거야.

임금의 명령이라고 말하고 있지만, 사실은 자연에게 허락을 구하는 것처럼 보여. 아무리 궁궐을 짓는 데 쓴다 해도, 오랜 세월 살아 온 생명이니 함부로 대하지 않고 예의를 갖추어서 말이야.

이런 말도 했다고 해.

김홍도의 <기와이기> 속 대목장

"도끼 들어갑니다!"

요즘도 나무를 벨 때면 이 말을 쓴다고 해. 예나 지금이나 자연 앞에서 겸손한 목수들의 마음을 읽을 수 있어.

목수는 나무를 다루는 장인이야. 나무로 건물을 짓는 일을 해. 전통적인 한옥, 궁궐, 사찰 같은 중요한 목조 건물을 짓는 일을 해 왔어. 옛날부터 전해 오는 전통적인 건축 방법을 잘 익혀 지금까지 전하고 있지.

대목장은 목수들의 우두머리야. 나무를 다루어 큰일을 하는 자리지. 대목장 자리에 오르는 것은 무척 어려워. 건축과 관련된 모든 방법과 기술을 충분히 갖추어야 하거든. 수많은 장인을 이끌어 가는 지도력도 있어야 해.

대목장은 여간 일이 많은 게 아니야. 건물의 계획을 세우고, 공사를 하

대목장이 손보아 고친 해인사

고, 잘되어 가는지 감독하고 관리하는 등, 나무를 재료로 하여 집을 짓는 모든 과정이 들어가 있지. 그러니까 현대의 직업으로 치면, 건축가나 마찬가지야.

　대목장은 환경에 걸맞게 독특한 건축 문화를 발전시켜 왔어. 옛날부터 전해 오는 풍수지리를 바탕으로 자연에 어울리게 터를 잡고, 자연의 모습을 해치지 않으려고 노력했지. 한국에서 자란 나무 재료에 알맞은 연장도 개발하고 발전시켰어.

　대목장이 완성한 목조 건축물은 우아하고 간결하며 소박해. 이런 점이 바로 한국 전통 건축의 고유한 특징이 됐어. 못을 쓰지 않고 서로 이어 '천년을 견디는 이음새'로 독특한 아름다움을 만들어 내지. 대목장이 지어 낸 궁궐, 사찰, 전통 한옥은 한국의 전통을 상징하고 있어.

대목장 수업

　예전에 목수 수업은 무척이나 어려운 과정이었어. 제대로 가르쳐 주는 이도 없이 어깨 너머 혼자 깨우쳐야 하는 일이었지. 2017년 현재 대목장 기능 보유자인 전흥수 대목장이 어떻게 목수 수업을 받았는지 인터뷰한 자료가 있어.

　전흥수는 목수의 아들로 태어났다고 해. 15살에 다식판(우리나라 전통 과자인 다식을 만드는 판)을 만들었을 정도로 솜씨가 좋았대. 그렇다고 목수 수업이 거저 되지는 않았나 봐.

　전흥수는 허드렛일부터 했어. 아버지 밑에서 기술도 많이 배우고 실력도 늘었지만 만족스럽지 않았지. 그래서 당시 이름을 날리던 대목장 밑으로 들어갔어. 그렇다고 따로 수업 시간이 있어서 배울 수 있었던 건 아니야.

목조 건축물을 짓고 있는 대목장

　모든 것은 작업에 참여하면서 스스로 깨우쳐야 했어. 일터에서 목수의 우두머리가 하는 일을 눈여겨보고 알아서 눈치껏 배웠지. 그러면서 일을 맡겨 주기를 기다린 거야. 일을 맡았을 때 제대로 해내지 못하면 계속 같은 자리야. 하지만 일을 잘해서 우두머리의 눈에 띄면 높은 단계로 올라갈 수 있지.

　새로운 스승 밑에서 전흥수는 기초적인 일부터 새로 했어. 나무를 곱게 밀어 깎는 대패질, 나무를 깎아 다듬는 자귀질, 기둥을 맞춰 세우는 일 같은 걸 차근차근 해냈지.

　그러던 중 목수 우두머리가 전흥수를 따로 불렀어.

　"보명사라는 절에서 대웅전을 지어 달라고 하네. 자네가 맡아서 지어 보게나."

이 말은 전흥수가 대목 일을 제대로 할 수 있다고 인정한 거야. 그때 전흥수의 나이 31살이었어. 다른 사람들이 15년 걸리는 일을 10년 만에 해낸 때였지. 그 뒤로 전흥수는 나무를 맞추고, 잇고, 붙이는 등 수많은 목조 건물을 짓고, 고치는 일을 제대로 해냈어. 천년을 이어 갈 역사에 길이 남을 건축을 한 거야.

대목장 VS 소목장

대목장이 있으면 소목장도 있을까?

있어. 대목장이 궁궐, 절, 한옥처럼 큰 목조 건물에서 전체적인 일을 이끄는 장인이라면, 소목장은 나무 작업 중에서 작고 세밀한 걸 만드는 장인이야. 그러니까 소목은 문짝이나 창호, 계단, 난간, 가구 같은 걸 만드는 거야. 같은 나무를 다루고 있지만 서로 일하는 분야가 다른 거지.

대목이란 말은 고려와 조선 초기까지 많이 썼어. 원래 대목이 집 짓는 일을 뜻하지만, '대목의 일을 하는 사람'이란 뜻으로 쓰기도 했어. 18세기에 이르러서는 도편수라는 말을 더 많이 썼지.

가구를 만들려고 나무를 다듬는 소목장

목수의 벼슬

통일 신라의 관직에 보면 '목척 70인'이라는 기록이 있어. 목척은 관아에 딸린 목수야. 이 말은 나무 다루는 일을 하는 사람에게 벼슬을 주었다는 뜻이지. 현대의 학자들은 이들 목척을 목공 기술이 뛰어난 전문가 집단이라고 이해해.

고려 시대에는 목수 일을 공부(工部)에서 맡았어. 장인이 되면 땅을 받을 수 있었고, 고려 말(고종 19년, 1232년)에는 무관으로 벼슬을 해 땅을 받을 수 있었지.

조선 시대에는 60명의 목장을 선공감이라는 관청에 두었어. 세종(조선 4대 임금) 때 서울 남대문을 다시 지은 기록이 있는데, 그때 대목장 벼슬이 정5품이었지. 정5품은 조선의 18품계 중에서 9등급 품계로 매우 높은 벼슬이야. 그런데 조선 말기에 목수에게 벼슬을 주는 제도가 없어졌어. 장인을 낮게 본 유교의 영향 때문이야. 일제 강점기에도 한국 전통 장인을 전혀 대우해 주지 않았어.

대한민국 정부에서는 1982년부터 대목장을 국가무형문화재로 지정했고, 2010년에는 유네스코 인류무형문화유산이 되었지. 현재 살아 있는 대목장 기능 보유자는 전흥수, 최기영, 신응수, 이렇게 세 분이야.

매사냥은 전 세계에 널리 퍼진 활동이야. 매사냥을 하려면 먼저 매와 친해져야 해. 땀과 시간을 많이 들여야 비로소 매를 날릴 수 있게 되지. 사람들은 매사냥 기술을 이용하여 전 세계 100종류가 넘는 새를 길들였어. 오늘날 60여 나라에서 매사냥을 즐기고 있지. 매사냥은 곳곳에서 고유한 방식으로 발전했어. 현재 한국, 몽골, 프랑스, 스페인, 카타르 등 13개국 공동의 인류무형문화유산이야.

매를 부리는

매사냥

시치미 떼지 마!

매사냥은 매를 사냥하는 게 아니야. 매가 사냥한 꿩이나 토끼 같은 것을 사람한테 갖고 오게 만드는 거지. 어린 매를 잡아 훈련하면 그렇게 길들일 수가 있어. 매는 오월 즈음에 알에서 깨는데, 겨울을 나기 전에 잡아서 길들여. 늦어도 일 년이 넘지 않는 매를 잡아야 길들일 수 있거든.

매를 기르고, 길들이고, 다루고, 날리기 위해서는 노력을 많이 기울여야 해. 처음 길들이는 기간은 보통 보름 정도야. 매를 길들일 때는 잠을 자지 않고 밤새워 같은 방에서 지내. 사람과 친숙해지게 하려면 밤에도 불을 켜 놓아야 하지.

매 날리기

매가 사냥해서 주인에게 사냥감을 갖고 오게 하는 건 매를 날린다고 말해. 매를 날리는 데도 특별한 기술이 필요해. 사냥을 하지 않을 때 매를 관리하는 것도 쉽지 않은 일이야.

매는 한 번 길이 들면 오락으로나 살아가는 방편으로나 대단한 가치가 있어. 그래서 매 주인은 매를 잃어버리지 않으려고 매에 두 가지 표시를 했지. 그건 빼깃과 시치미야.

꽁지에 빼깃을 꽂고 꿩을 사냥하는 매

빼깃은 매의 꽁지에 덧꽂는 새의 깃털이야. 멀리서도 눈에 잘 띄게 하려고 흰 깃털 두 개를 꽁지에 달아매 표시했어. 그러면 매가 하늘을 날 때 어느 방향으로 가는지 쉽게 알아볼 수 있거든. 흰 깃털은 두루미나 거위의 털을 썼지.

매 꽁지에 달아맨 빼깃과 시치미

　시치미는 이름표야. 대나무나 소뿔을 얇게 깎아 만들어 매의 꽁지에 매달았어. 이름표에는 매의 이름, 종류, 나이, 빛깔, 주인의 이름과 주소를 썼지. 시치미만 보면 누구의 매인지 바로 알 수 있게 만든 거야.

　길든 매는 주인을 잘 찾아오지만 가끔은 엉뚱한 사람을 찾아갈 때도 있어. 다른 곳으로 잘못 날아가도 이름표를 보면 주인을 찾아 줄 수 있지. 그런데 매를 발견한 사람이 욕심을 부리면 이야기가 달라져. 원래 있던 시치미를 떼고 그 자리에 자신의 시치미를 다는 거야. '시치미 떼다'라는 말은 여기서 나왔어.

오락일까 생업일까?

〈조선왕조실록〉에는 매사냥에 대한 기록이 많이 나와. 그렇다고 왕을 중심으로 매사냥을 한 것은 아니야. 왕은 나가서 보기만 한 경우가 많았어. 주로 양반들이 매사냥을 했는데 매가 많은 곳에서는 평민도 한 걸로 나와.

강원도 평강에서 몇 년을 살았던 조선 중기의 학자, 오희문은 일기에 매사냥 얘기를 자세하게 썼어. 일기에는 닭을 미끼 삼아 매를 사로잡는 방법이 나와. 그런데 기다리는 매는 오지 않고 승냥이가 닭을 먹어 치워 속상한 마음을 드러내기도 해.

매사냥은 보통 놀이로 생각하는 편이었어. 실제로 왕과 높은 벼슬자리 양반들은 오락으로 매사냥을 즐겼지. 그런데 살아가는 방편을 위해 매사냥을 한 사람들도 많아. 늙으신 부모님의 반찬거리로 매가 잡은 꿩고기를 대는 양반도 있었고, 매를 길들이고 날리는 것을 밥벌이로 하는 백성도 있었어.

매사냥 그림(조선 시대)

매는 꿩이나 토끼를 사냥하는 기술이 뛰어나. 매가 잡은 꿩은 제사에 반드시 쓰는 음식이었어. 그러니 길들인 매가 있으면 당연히 살림살이에 도움이 되었지. 그래서 매를 사고파는 일도 많았어.

　강원도 평강 지역은 매가 많이 나는 곳이야. 평강에는 매를 찾는 사람이 하루에 서너 사람이나 되었대. 서울로 매를 팔러 가기도 했고, 서울에서 매를 구하러 평강까지 가기도 했다는 거야.

　갓 잡아 아직 길들이지 않은 매의 값은 그다지 비싸지 않았어. 하지만 길들인 매는 비쌌다고 해. 매가 있어도 직접 날리는 기술이 없을 때는 매를 빌려 주기도 했어. 평민에게 매를 키우게 하고, 매사냥을 하도록 빌려 주면서, 그 값으로 매가 잡은 꿩을 받는 거야. 땅을 가진 지주가 평민에게 소작을 주는 것처럼 말이지.

　매를 빌린 사람은 매가 잡은 꿩을 매 주인에게 다 주지 않았어. 남기고 일부만 줬지. 얼만큼 매를 주는가에 대한 규칙은 없었기 때문에 서로 불만을 품는 일도 있었어.

매사냥 전통을 이어 나가고 있는 박용순 응사

　매를 키우며 날리는 값으로 옷감을 받기도 했어. 매가 잡은 꿩을 팔아 돈을 벌면 그 돈으로 나라에 의무적으로 해야 하는 잡역(일)을 면제받을 수도 있었지.

　그런데 어느 때는 나라에서 매사냥을 못 하게도 했어. 〈조선왕조실록〉에 보면 매사냥을 금지한다는 내용이 여러 차례 나와. 너무 많은 사람들이 매사냥을 해서 안 좋은 일들이 벌어졌기 때문이야.

　예를 들어 힘센 양반이 매를 기르면서 힘없는 백성의 닭과 개를 빼앗고, 매사냥을 하면서 논밭의 곡식을 짓밟는 일도 생겼거든. 얼마나 못되게 했던지 인형극과 민요에도 매사냥이 등장해 양반을 비판하기도 했어.

　이제 매사냥은 도시 환경 등의 영향 때문에 많이 사라졌어. 그저 문화재로 이어 가고 있지만 전통은 세계 여러 나라에서 여전히 찾을 수 있지.

세계인의 매사냥

안악 1호 고분에 그려진 매사냥

매사냥은 중앙아시아에서 시작하여 동서로 퍼졌어. 동으로는 중국과 우리나라로 퍼졌고, 서로는 아시리아, 페르시아, 이집트를 거쳐 유럽으로 퍼졌지.

우리나라에서는 삼국 시대에 이미 매사냥이 유행했다는 기록이 나와. 〈삼국사기〉나 〈삼국유사〉의 기록과 안악 1호 고분을 비롯한 고구려의 고분 벽화를 보면 알 수 있어.

고려 시대에는 응방도감이라는 관청이 따로 있어서 매사냥을 도맡았어. 응방 제도는 조선 시대에도 계속 이어졌지.

카타르 매사냥

용맹하고 독립적인 매의 이미지 덕분인지, 사람들은 매사냥의 전통을 계속 이어 왔어. 일제 강점기에는 1740명의 매사냥꾼이 있었다는 기록이 있어. 매사냥꾼 허가 관리 기록이 있었던 걸로 보아 당시에는 허가를 받아야만 매사냥을 할 수 있었나 봐.

총이 나오면서부터는 매사냥이 많이 줄어들었어.

매의 상징

독수리 이미지를 국기에 쓴 멕시코(왼쪽), 알바니아(오른쪽)

매는 세계적으로 하늘, 태양, 힘, 왕의 자리, 권위, 승리 등을 상징해. 우리나라 신화에서는 천신이 매로 변신하는 게 나오지. 주몽 신화와 김수로 신화에서 해모수와 하백의 변신 장면을 떠올려 봐. 사람의 모습으로 나올 때는 영웅호걸로 나오기도 해. 덕을 지닌 성인의 모습으로 나오기도 하지.

나라를 상징하는 휘장이나 국기에 독수리 이미지를 쓰는 나라도 무척 많아. 이런 것은 매나 수리의 용맹스러움, 독립적인 이미지를 세상 사람들이 좋게 생각하기 때문일 거야.

모시는 잠자리 날개처럼 얇고 바람이 솔솔 통하는 옷감이야. 몸에 달라붙지도 않아서 여름에 제격이지. 모시 중에서도 한산 모시는 질이 좋아 삼국 시대에 이웃 나라에 수출도 했어.

한산에서는 지금도 기계를 쓰지 않고 베틀을 이용하여 손으로 직접 모시를 짜기도 해. 수많은 과정을 거치며 전통적으로 모시를 짜는 방법은 어머니에서 딸, 며느리로 이어졌어. 이들은 이웃과 함께 모시를 짜며 공동체의 끈끈한 정도 나누었지.

여름에 시원한 옷감

한산 모시 짜기

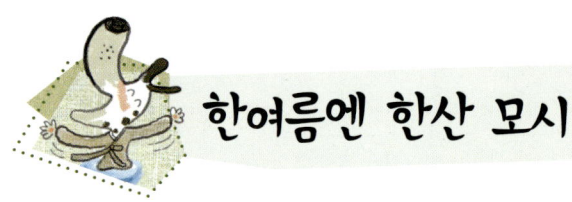

한여름엔 한산 모시

에어컨디셔너가 없던 시절, 사람들은 더운 여름을 어찌 보냈을까? 여름에 우리나라는 습도까지 높아 끈적거리고 더 덥게 느껴지잖아. 그 답은 모시옷에 있어. 한산 모시옷 한 벌 있으면 더운 여름도 거뜬히 보낼 수 있었지.

모시를 입어 본 사람들은 모시 칭찬이 끊임없어.

"가벼워서 입은 것 같지도 않아요!"

"바람이 어찌나 잘 통하는지 몰라요!"

"땀을 흘려도 땀이 안 차요. 땀을 바로 흡수하니까요!"

"정말 기품 있고 아름다워요!"

이런 칭찬이 괜한 말이 아닌 게, 모시는 우리나라 여름 전통 옷감을 상징할 정도로 훌륭한 옷감이야. 모시 중에서도 가는 올로 만든 세모시는 예로부터 비단보다 더 비싸고 귀했어.

모시풀

　모시는 모시풀이라는 식물로 만들어. 잎은 차로 만들어 먹고 줄기만 쓰지. 모시를 잘라 현미경으로 보면 큰 구멍이 있어. 그 구멍에 공기가 차서 가벼운 거야. 모시는 곰팡이가 슬지도 않아. 세균이 자라는 것도 막아 주는 천연 항균 옷감이지.

　물에 적셨다가 볕에 말리면 희어지기 때문에 따로 표백 처리를 하지 않아도 돼. 다른 옷감들이 볕에 오래 있으면 누렇게 변하는 것과 반대야.

　모시는 물을 빨리 흡수하고 마르기도 빨리 말라. 이 말은 땀을 빨리 흡수할 수 있고, 땀에 젖어도 바로 마른다는 얘기야. 여름 옷감으로 최고인 거지.

모시 저고리

다양한 색으로 물들인
한산 세모시

　우리나라는 땅의 성질과 날씨가 모시를 키우는 데 딱 좋은 곳이야. 면화가 들어오기 전, 고려 말까지 거의 모든 사람들이 모시를 즐겨 입었다고 해. 서민에서 왕에 이르기까지 말이야. 그러니 모시 옷감을 짜는 기술이 아주 발달한 거야. 질이 좋아 무역 물품으로 쓰기도 하고, 돈 대신으로도 썼어.

　조선 시대에는 기술이 더욱 정교해졌어. 그만큼 모시를 찾는 이는 많았지만 원하는 만큼 만들어 내지는 못했지. 원료가 한없이 나오는 게 아니고, 워낙 손이 많이 가는 일이거든. 얼마나 까다롭고 힘든 일인지, 현재 살아 있는 한산 모시 짜기 맥을 잇는 국가무형문화재 보유자는 방연옥 님 단 한 분뿐이야.

고된 일도 함께하면

　우리나라 지역에서 특히 한산은 모시풀이 자라기에 최고의 땅이야. 땅이 기름진 데다가 여름철에 기온이 높고, 비도 충분히 내리거든. 서해안을 끼고 있어 바닷바람이 부는데, 이런 게 바로 모시를 잘 자라게 하는 이유야.

　모시풀은 잎 모양이 깻잎처럼 생겼어. 그 잎을 송편 반죽에 섞으면 맛있는 모시 송편이야. 모시 줄기는 대단히 질긴데, 그 질긴 줄기 섬유로 모시 옷감을 짜.

　모시풀은 일 년에 세 번 정도 거둬. 모시풀을 거두면 겉껍질은 버리고 속껍질의 질긴 부분을 벗겨서 속대만 쓰지. 속대를 가늘게 째서 실로 만든 다음, 그 실을 베틀에 걸어 짜는 게 바로 모시 옷감이야.

　모시를 짤 때는 바람이 안 통하는 움집에서 했어. 움집은 습도가 높아서 여름에 더 더워. 하지만 습기가 적은 곳에서는 모시 올(실)이 쉬 끊어져. 그래서 일부러 바람이 통하지 않는 움집에서 모시를 짰어.

모시풀 속껍질의 질긴 부분 벗기기

모시실 말리기

모시 짜는 움집

이웃과 모여 모시 짜기

실을 베틀에 걸어 짜기

   더운 여름에 바람까지 안 통하는 움집에서 일을 하는 것이 쉬운 일은 아니었을 거야. 바람이 잘 통하는 시원한 모시를 만드는데 바람 한 점 없는 움집에서 일해야 하다니, 그것은 창과 방패처럼 모순이기도 해.

   모시 짜는 게 익숙한 전문가도 모시 한 필을 짜려면 꼬박 세 달이 걸린다고 해. 덜 숙련된 사람이 하면 일 년이나 걸린대. 그러니 한산 모시를 짜는 게 얼마나 힘이 들고 정성을 들여야 하는 건지 알 수 있어. 실제로 모시풀에서 모시 옷감이 나오기까지 십만 번 이상 사람 손길을 거쳐야 한다고 말하거든.

   모시를 짜던 이들은 이 어려운 일을 해내기 위해 이웃과 함께 일하는 지혜를 썼어. 힘든 일도 누군가 함께하면 힘이 덜 들잖아. 그 덕분에 여름 최고의 옷감, 한산 모시의 맥이 지금까지 이어지고 있어. 또한, 함께하면 지치고 힘든 일도 거뜬히 해낼 수 있다는 지혜도 배울 수 있지.

한산 모시는 어떻게 만들까?

모시 짜기는 끈기가 필요한 과정이야. 완성하기까지 아주 오래 걸리거든.

모시를 키워서 다 자라면 모시를 거둬. 잎과 곁가지는 떼어내고 가운데 줄기에서 겉껍질을 벗기고 남은 속대만 재료로 쓰지. 이걸 하루쯤 물에 담갔다가 말리고, 다시 물에 적셔. 젖은 상태에서 모시를 가늘게 쪼개는데, 이로 깨물어서 쪼개.

쪼갠 모시 올은 서로 이어서 긴 실로 만들어. 이제 베틀을 짜는데, 실이 엉키지 않게 실에 콩물을 먹여서 말리지. 모시를 다 짜면 물에 적셔 콩물을 씻어 내고 햇빛에 말려. 여러 번 물에 적셔 말리면 비로소 흰 모시가 되는 거야.

모시풀 속껍질 벗기기

이로 깨물어 쪼개기

쪼갠 모시실 잇기

베틀에 걸어 짜기

택견은 우리나라 전통 무술이면서 춤이야. 부드럽게 손과 발을 움직이는데 순간적으로 우쭉우쭉하면서 탄력을 만들지. 상대방이 공격을 할 때 총도 막대기도 없이 맨손으로 그걸 막고, 또 자기 몸도 보호하는 거야.

택견에서는 마음의 수련도 중요하게 여겨. 꺾이지 않는 정신과 높은 사기를 바탕으로 옛날부터 나라를 지키는 무술이었어. 마을 사람들이 함께 택견을 했기 때문에 마을이 하나로 뭉치는 데도 도움이 됐지.

몸과 마음을 수련하는 무술

택견

무술이면서 춤

"이크!"

당황하거나 놀랐을 때 사람들은 이런 소리를 내. 택견에서는 누군가 공격을 하여 방어가 필요한 때 "이크"라고 말해. "에크"라는 말도 하는데 이건 공격할 때 하는 말이야. "에잇, 네 이놈!"이라고 소리치는 것과 같아. 강하게 소리를 내어 상대의 기를 꺾기도 하지.

"이크, 에크, 이크, 에크!"라고 말해 봐. 작게 소리를 내도, 어느새 배에 힘이 들어가는 걸 느낄 수 있어. 이렇게 힘이 들어가지만 택견 하는 모습은 부드럽기 이를 데가 없지.

어찌 보면 택견을 하는 동작은 웃음이 나와. 춤을 추듯 유연하고 율동적인 동작인데, 천천히 꿈틀거리고 비트는 것 같아 우스꽝스럽게 보이기도 하거든. 부드럽고 둥근 동작이 우리에게 익숙한 모습이 아니기 때문일 거야.

발은 사뿐사뿐 소리도 안 나게 움직여. 팔은 나비가 날개를 폈다가 접는 것처럼 너울거려. 그런데 공격할 때 빠르기는 매와 같아. 몸속에서 폭발적인 힘을 낼 수 있는 에너지가 늘 준비되어 있는 거야.

여유롭게 우쭐대며 살랑살랑 움직이는가 하면 순식간에 상대를 눌러 버리지. 순간적으로 재빠르게 몸을 놀려 탄력 있게 받아나 공격을 하는 거야. 그래서 택견은 무예면서 춤이야.

어떤 사람은 택견을 이렇게 말해.

"마치 바람 같아요. 바람이 처마 끝에 매달린 풍경을 울리고 달아나는 것처럼 보여요."

"택견은 우리나라의 산을 보는 것 같아요. 겉은 부드러운데 안에는 산의 강한 에너지가 들어 있지요."

이런 말을 듣고 택견을 보면 정말 자연의 모습처럼 보여.

택견의 진정한 고수는 상대방을 다치지 않게 하면서도 물러나게 할 수 있다고 해. 이토록 상대방을 배려하는 무술이라니, 그 정신이 놀라워. 그러니까 택견은 상대방을 쓰러뜨리는 무술이 아니라 사람을 살리는 무술이야. 특히 함부로 공격하지 않는 정신 수양을 강조하는 무술이지.

택견은 언제부터?

고구려 고분 벽화, 무용총˚, 삼실총˚에 택견을 하는 모습이 그려져 있어. 삼국 시대에 이미 택견을 했다는 걸 알 수 있지.

약속한 일에 딴전을 부릴 때 우리는 가끔 '딴죽을 건다'라는 말을 써. 딴죽은 택견의 기술이야. 발로 상대편의 다리를 옆으로 치거나 끌어당겨 넘어뜨리는 거지. 이 말만 보아도 택견이 사람들의 일상생활에 얼마나 깊이 녹아 있었는지 알 수 있어.

무용총 벽화에 묘사된 택견 모습

- **무용총** | 중국의 만주 지린 성(吉林省) 지안 시(集安市)에 있는 고구려 때의 무덤.
- **삼실총** | 만주 퉁거우(通溝) 평야에 있는 고구려의 흙무덤.

　택견은 혼자서도 할 수 있고, 둘이, 또는 여럿이 같이할 수도 있어. 역사적으로 대보름(음력 1월 15일), 단오(음력 5월 5일), 백중(음력 7월 15일), 추석(음력 8월 15일) 같은 특별한 날에 택견을 했어. 그렇다고 택견을 특별한 날에만 한 건 아니야. 일상생활에서 놀이나 심신 훈련을 위해서도 했어.

　택견은 몸과 마음을 안정시키고 편안하게 해 줘. 몸도 마음도 건강하게 만드는 데 도움이 되지. 나이가 어리거나 많거나 상관없이 누구나 즐길 수 있어. 그래서 오래전부터 사람들의 건강을 돕는 데 아주 중요한 움직임으로 여겼어.

　택견은 여러 가지 이름으로 불렸어. 독립운동가, 신채호가 쓴 〈조선상고사〉에는 '덕견이'라고 나와.

　"고구려가 강한 것은 선배 제도에서 시작되었다. (중간 생략) 군중을 모아 혹은 칼로 춤추며, 혹은 활로 쏘며, 혹은 앙감질로 하며, 혹은 덕견이도 하며 (뒤 생략)."

조선 후기의 도화서 화원, 유숙이 그린 택견
(1846년, 서울대학교박물관 소장)

조선 말기 시인, 최영년의 〈해동죽지〉에는 '탁견희'라고 나와. 국학자이며 독립운동가, 안확은 〈조선 무사 영웅전〉에서 '택견'이라 했어. 우리말 사전에는 '태껸', '택견', 또는 '각희'라고 나와.

고려의 한량이나 별기군처럼 무관들은 택견을 호신술로 쓰기도 했어. 택견은 조선 후기의 풍속도에 그려질 정도로 많이 한 활동이었지. 일제 강점기에는 택견을 하지 못하게 막았지만, 다행히 몰래 연마한 이가 있어서 지금까지 전해지고 있지.

우리나라 국가무형문화재로 택견의 기술을 갖고 있는 분은 정경화, 송덕기, 신한승, 세 분이었는데, 두 분이 돌아가시고 지금은 정경화 님 한 분만 살아계셔. 하지만 전국에 교육 센터가 있어서 전통을 잇고, 택견을 퍼뜨리는 데 노력하고 있지.

택견의 몸짓

　택견에서 가장 기본이 되는 움직임은 품밟기야. 삼각형의 세 꼭지점을 밟는 움직임이지. 나가고 물러서고 공격하고 방어하는 것을 자연스럽게 하기 위한 몸놀림의 기본이야.
　품밟기는 여러 가지가 있어. 자유자재로 품밟기를 하는 것만으로도 상대가 공격을 못 하게 할 수도 있지.
　팔의 움직임으로 활갯짓이 있는데, 팔을 힘차게 내어 젓는 거야. 새가 두 날개를 치는 모양과 비슷해. 걸을 때 팔을 휘젓는 것처럼 몸의 자연스러운 움직임이지. 발을 움직일 때 팔은 새의 날개처럼 자연스럽게 펴는 게 활갯짓이야. 택견이 춤을 추는 것처럼 보이는 것은 활갯짓 때문이기도 해.

춤을 추듯 보이는 택견의 활갯짓

제주 해녀는 산소통 없이 바다 깊은 곳에 들어가. 숨을 참고 잠수하여 소라, 해삼, 전복 같은 해산물을 따서 물 위로 올라와. 이런 자맥질을 몇 시간 동안 반복하는 게 해녀의 물질이야. 제주 해녀의 인구는 가파르게 줄어들고 있어. 그럼에도 제주 해녀가 자연을 대하는 지혜와 무리를 지어 일하는 독특한 문화는 지금까지 이어지고 있지.

바닷속을 누비는 최고의 잠수부

제주 해녀 문화

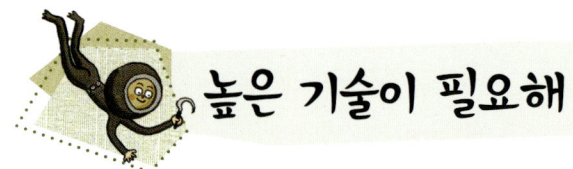
높은 기술이 필요해

　실력이 뛰어난 국가대표 수영 선수와 해녀가 잠수 시합을 하면 누가 이길까? 한 방송에서 재미 삼아 시합을 했는데 해녀가 완벽하게 이겼어.

　해녀는 숨 참기 선수야. 평소에도 짧게는 1분에서, 길게는 몇 분까지 잠수를 할 수 있지. 다들 숨 참기 시합을 해 봤을 거야. 사람마다 차이가 있지만 숨을 1분 이상 참는 것은 힘들어.

　아무리 해녀라 해도 숨 참는 것을 욕심부리면 안 돼. 너무 참으면 자신도 모르는 사이 몸속에 산소가 부족하여 심장마비에 걸릴 수 있거든. 그래서 경험 많은 제주 해녀는 이렇게 말해.

　"물질을 더 많이 하고 싶은 욕심이 있어도 지나치면 안 된다는 걸 꼭 마음에 새겨야 해."

물질하는 해녀들

　바닷속에 들어가 해산물을 따는 일을 물질이라고 해. 물질은 아주 오래전, 선사 시대부터 있었어. 고대 동굴과 바위 집 자리에서 전복 껍데기로 만든 화살촉이 나온 걸 보면 알 수 있지. 전복은 바다 깊은 곳에서 살아. 그러니 물질을 안 하고 전복을 얻을 수는 없잖아.

　해녀의 물질은 고도의 기술이 필요한 일이야. 그런 기술을 어떻게 익힐까? 해녀 학교라는 건 없는데 말이야. 어떤 해녀는 이렇게 말해.

　"어렸을 때부터 기술을 익혔지. 여덟 살 때 헤엄도 치고 잠수도 했어."

　제주 해녀에게 학교는 가까운 바다야. 선생님은 해녀의 길을 먼저 간 선배들이지. 사방이 바다니 기초적인 헤엄을 배우는 건 어렵지 않아. 얕은 바다에서 기초를 닦고 나면 점점 깊은 바다로 들어가 잠수하는 걸 익혔지. 그러다가 15살이 되면 애기 해녀가 될 수 있었어.

물질로 낙지를 잡은 모습

물질은 한 번 익히면 칠팔십 살이 될 때까지도 할 수 있어. 그렇다고 물질을 쉽게 여기면 안 돼. 수영을 해 보면 알다시피 물에서 움직이는 것은 뭍에서 움직이는 것보다 힘이 많이 들어. 물의 저항(물이 누르는 힘)이 공기 저항보다 세기 때문이야. 게다가 몸을 거꾸로 하여 바닷속으로 내려가야 하잖아. 숨이 차면 물 위로 올라와서 깊은 숨을 내쉬어. 그리고 다시 자맥질을 해서 물속으로 들어가지.

해녀들의 잠수 시간을 잰 우리나라 학자가 있어.

"약 3시간에서 5시간(155~341분) 정도 바다에 머문 경우를 살폈는데, 한 시간에 15~31번 잠수를 했습니다. 횟수는 사람마다 차이가 있었습니다."

그런데 나이가 많은 해녀도 세 시간여를 물질을 한다고 해. 그러니 어렵기는 하지만 고도의 기술을 익히면 오래오래 사용할 수 있는 거야.

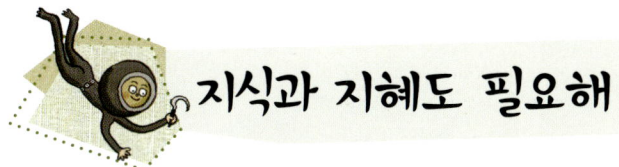

지식과 지혜도 필요해

　물질은 기술만 갖고는 할 수 없어. 알아야 할 것도 많아. 여러 가지 지식과 지혜를 해녀 할머니께 들어 봐.

　"제주에는 바람이 많아. 그런데 바람에도 종류가 있어. 센바람은 갈바람이야. 갈바람은 우리가 제일 싫어하는 바람이지. 갈바람이 자꾸 불면 태풍이 오거든. 태풍이 오면 바다에 나갈 수 없어."

　그럼 해녀는 어떤 바람을 좋아할까?

　"살랑살랑 하늬바람을 제일 좋아하지. 하늬바람은 친정엄마 바람이야."

　해녀는 바람뿐만 아니라 바다 밑의 모양도 다 알아야 해. 땅에 모양이 있듯이 바다 밑에도 모양이 있거든. 해녀들은 그걸 다 알고 경계까지 만들어 놓아. 바다 밑에 있는 어느 바위에서 어느 바위까지 누가 물질을 할 건지 영역을 정해 놓은 거야. 이걸 짬이라고 해.

　"짬의 경계는 책에 나오는 게 아니야. 그저 우리들 머릿속에 있어. 짬을 모르면 물속에서 부딪칠 수도 있고, 자기도 모르는 사이 다른 이가 잠수하는 방향을 막을 수도 있어. 무엇보다 해산물을 캘 때 서로 다툼이 일어날 수도 있지. 내 짬에 있는 미역을 다른 해녀가 캔다면 실랑이가 벌어질 테니까."

일제 강점기 해녀들

　이뿐만이 아니야. 물살의 흐름도 꿰고 있어야 해. 물살은 시시때때로 바뀌는데, 특히 갑자기 빨라지는 위험한 물살은 항상 조심해야 하지. 그런데 바다의 겉 물살과 속 물살은 또 달라. 물속에 들어가야만 확인할 수 있는 물살도 있어.

　이런 지식을 갖고 있다고 해도 해녀가 365일 물질을 하는 건 아니야.

　"물때를 살펴서 물이 빠지는 썰물 때만 일해. 밀물이 생길 때는 물이 높아 힘들어 못 해."

　물질할 수 있는 날은 한 달에 10일에서 16일이야. 일 년으로 볼 때 90일 정도 돼. 그런데 신기한 건 추운 겨울에는 물질을 하는데 여름에는 안 한다는 거야. 여름에 물질을 쉬는 이유는 무얼까?

　"바다 밭도 뭍의 밭과 똑같아. 음력 6월에서 7, 8월이 되면 밭에 씨앗을 뿌리듯이, 성게가 알을 낳아. 9월이면 알이 다시 차오르지. 씨앗이 싹이 되어 자라듯이 말이야. 음력 2월에서 4월이 되면 알이 꽉 차."

　그러니까 음력 6월에서 9월까지는 물질을 안 하는 거야. 알을 낳고 그 알이 자라기를 기다려 주는 거지. 안 그러면 해산물이 점점 줄다가 씨가 마를지도 몰라. 기술과 지식도 중요하지만 이런 지혜 덕분에 해녀들은 오랜 세월 바다의 풍요로움을 나눌 수 있었을 거야.

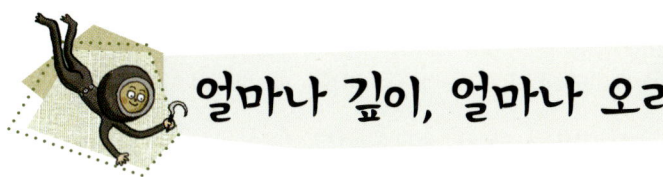
얼마나 깊이, 얼마나 오래

제주 해녀들은 물질을 나갈 때 걸어가기도 하고, 배를 타고 멀리까지 나가기도 해. 걸어가는 사람들은 얕은 바다에서 물질을 하는 하군 해녀야. 상중하에서 하를 말해. 갓 해녀가 되었거나, 너무 나이가 많아 힘이 없는 사람들의 모둠이지.

바다 멀리 나가서 깊이 물질하는 해녀는 상군 해녀야. 상군과 하군 사이에 중군 해녀가 있어.

해녀마다 다르지만 보통은 바다 밑 7~20미터 정도에서 물질을 해. 바다 밑 7미터에서는 30초쯤 작업을 하고 물 위로 떠. 때로는 바다 밑 20미터까지 들어가서 2분 남짓 견딘 다음 물 위로 올라와. 물질이 뛰어난 상군 중에는 물속 50미터까지 내려가는 해녀도 있어.

물속에서 올라오면 깊은 숨을 몰아쉬며 날숨을 뱉어. 이때 '휘휘' 휘파람 소리가 나는데, 이걸 숨비소리라고 하지. 이 소리를 들으며 해녀들은 무리에 있다는 걸 확인하고 안도해. 무리에 있다는 건 중요한 일이야. 위험해졌을 때 도움을 줄 사람이 있는 거니까.

해녀는 따뜻할 때는 하루에 6~7시간, 추울 때는 4~5시간이나 물질을 해. 이런 힘든 일이 가능한 것은 애쓴 만큼 해산물을 얻기 때문일 거야. 그리고 함께 일을 하기 때문일 거야.

일을 하다 보면 해산물을 많이 캐는 날도 있고, 적게 캐는 날도 있어. 해녀들은 많이 캤다고 으스대지 않고, 그저 운이 좋았다고 말해. 적게 캔 동료에겐 다음에 꼭 운 좋은 날이 올 거라고 위로하지. 이런 겸손과 위로를 나누는 동료의 정은 물속보다 깊고, 모두 상군인 것 같아.

바다 밑 20미터까지 들어가서 해산물을 캐는 해녀

노 젓는 노래

해녀들은 물질을 나갈 때 노래를 불러.

"이어도 사나, 이어도 사나
우리 배는 잘도 간다."

이렇게 시작하는 노래는 '노 젓는 노래'야. '해녀의 노래'라고도 해.
　해녀들이 직접 배를 끌고 노를 저어 바다로 나가던 시절이 있었어. 상군이라 부르는 최고의 해녀들이 주로 노를 저으면서 한 소절을 불러. 그러면 다른 해녀들이 배 위에 모여 앉아 장단을 맞추면서 뒷소리를 함께 부르는 거야.
　이렇게 노래를 하면 고된 일을 할 때 힘이 덜 들고 즐거운 기분이 들어. 또 일하는 무리가 하나가 된 느낌이 나지.

해녀의 도구

해녀가 바다로 나갈 때는 여러 가지 도구를 챙겨.

우선 자기 몸에 맞는 잠수복을 입고 물안경을 써. 물안경은 물속에서 앞을 잘 볼 수 있게 닦아야지. 김이 서리지 않게 하는 데는 쑥으로 닦는 게 최고야. 물 밑으로 가라앉기 쉽게 납 덩어리도 허리에 차. 스쿠버다이빙할 때 허리에 차는 것처럼 말이야. 요즘엔 오리발도 신어. 물에서 헤엄을 치는 데 도움이 되니까.

손에는 태왁을 챙겨. 태왁은 둥그런 공처럼 생긴 부표야. 땅에 금을 긋듯이 바다 위에 표시를 하려는 거야. 부표에는 줄과 닻이 달려 있어. 닻을 자기 구역의 경계가 되는 바닷속 바위에 묶어 두면 부표는 물 위에 떠서 물살에 떠내려가지 않아. 숨을 쉬러 나왔을 때 태왁에 몸을 의지하고 잠깐 쉴 수도 있지. 태왁은 해녀마다 색과 모양이 달라. 자기 것을 자기가 직접 만들어서 태왁만 보아도 누구 것인지 알 수 있어. 태왁에는 그물로 짠 바구니 모양의 망사리를 묶어 놔. 바다에서 캔 해산물을 넣는 바구니지. 작은 조개는 성근 망사리에서 빠지기 때문에 따로 조락이라는 작은 바구니에 담아.

해산물을 캘 때는 도구가 필요해. 전복을 캘 때는 빗창이란 도구를 써. 전복은 빨판이 세서 맨손으로는 캘 수가 없거든. 갈꾸리라는 도구도 필요한데, 소라, 성게, 문어, 오분자기를 떼어 낼 때 쓰지.

빗창　　　　　　　　　　　태왁과 망사리

54

비나이다 비나이다, 잠수굿

제주 해녀는 음력 2월에 하는 영등굿과 별도로, 음력 3월 8일에 잠수굿을 해. 바다를 지휘하는 용왕의 막내아들에게 안전과 풍요를 비는 굿이야. 특히 해녀들이 서로 사이좋게 지내기를 바라며 하는 굿인데, 무리를 지어 일하는 해녀들에게 화목은 무척 중요하거든.

실제로 어장의 이익 때문에 제주 김녕의 해녀들이 다툼과 갈등을 겪은 적이 있었어. 이때 잠수굿을 하던 심방(무당)이 지혜로운 풀이를 하여 해녀들은 화해하게 되었지.

잠수굿에서 잠수는 물속으로 잠겨 들어간다는 뜻도 있지만, 해녀를 잠수라고 부르기도 해. 잠수라는 말이 좋은 점은 물질하는 사람을 여성으로만 여기지 않는다는 거야. 남자는 해녀라고 부를 수 없지만, 잠수라는 말을 쓰면 성별과 상관없이 누구나 될 수 있지.

종묘 제례는 종묘에서 지내는 나라의 제사 의례야. 조선 왕조 역대 왕과 왕비에게 드리는 제례지. 제례는 조상들의 영혼이 편안히 쉬기를 바라는 뜻으로 했어. 종묘 제례를 할 때는 조상을 기쁘게 해 드리려고 음악을 연주하고, 노래를 부르며, 춤을 췄지. 이걸 제례악이라고 해.

15세기부터 조선에서 했던 종묘 제례와 제례악이 원래의 모습 그대로 지금까지 전해 내려와. 유교의 나라, 조선에서는 이것이 바로 효도라고 생각했거든. 후손들도 효의 전통을 소중히 여겨 지금까지 이어 왔어.

2장. 정성을 올리다

조상님께 드리는 정성

종묘 제례와 종묘 제례악

나라의 큰 제사, 종묘 제례

"전하, 음식은 조금만 드시옵소서."

"전하, 죄 지은 자를 처벌하는 문서를 보시면 아니 되옵니다."

"전하, 음악을 들으시면 아니 되옵니다."

임금님한테 이렇게 아뢰는 신하가 있다면 무례한 것 아닐까?

아니야. 조선 시대 종묘 제례를 앞둔 왕은 이게 예절이고 법도야. 이것뿐만이 아니야. 누가 돌아가시거나 아파도 문병을 하면 안 돼. 오직 제사 드릴 분에 대해서만 생각해야 하지. 사무치게 생각하는 마음을 크게 가질수록 도리를 잘 지키는 거라고 여겼거든.

종묘 제례 사흘 전부터는 목욕을 해. 몸과 마음을 깨끗이 해야 하니까. 제례 전날부터는 종묘에서 머무르며 절차에 따라 인사를 드리지.

드디어 제례 날이 되면 종묘의 신줏단지에서 신주를 꺼내고, 향도 피워. 음식을 담아 올리고, 술도 드리지. 음악과 노래와 춤도 곁들여. 조상 신들이 잠깐 세상 나들이를 한다 생각하여 잔치를 열어 드리는 거야. 정성껏 신들을 대접하고 나면, 보내 드리는 의례로 마무리를 하지.

조선에서는 이처럼 유교 예절에 따라 조상신을 기리는 제사 의례를 했어. 종묘 제례는 왕과 세자, 그리고 여러 신하가 함께 지냈는데, 정성을 다해 준비했지. 제례를 효도라고 여겼기 때문에 마음을 다하여 실천했어. 조선은 유교의 나라였고, 유교에서는 사람이 살아가는 데 가장 중요한 도리가 효도거든.

사실 종묘 제례 절차는 복잡하고 까다롭고 번거로워. 참여하는 사람도 수백 명에 이르고 준비할 것도 무척이나 많아. 제례에 쓰는 그릇만 해도 수

천 개에 이를 정도야. 그런데도 조선 시대에 시작한 종묘 제례가 550년이 지난 지금까지 전해 내려와. 본래의 모습을 잃지 않고 이어져 온 거야.

유교의 제례 문화는 오랫동안 아시아에 널리 퍼져 있었는데, 지금은 세상 어디에도 없어. 오직 우리나라에만 전통 그대로 남아 있지. 세상 사람들은 인류가 조상을 생각하며 오랫동안 지켜 온 전통에 두루 가치가 있다고 여겨.

신줏단지 모시듯

신줏단지

'신줏단지 모시듯 한다'는 말이 있어. 귀한 걸 애지중지 떠받들 때 쓰는 말이야. 신줏단지가 무언데 떠받드는 걸까?

유교 문화에서는 누가 돌아가시면 나무패에 돌아가신 분의 이름을 적었어. 나무패는 단지에 넣어 보관했지. 이 나무패가 신주고, 신주를 보관한 단지가 신줏단지야. 신주에는 돌아가신 분의 영혼이 깃들어 있다고 여겼어. 그래서 신주를 보관한 신줏단지를 조상님 대하듯 소중하게 모신 거야.

조선에서는 왕과 왕비가 돌아가시면 신주를 종묘에 모셨어. 종묘는 신주를 모시려고 일부러 만든 건물이야. 조선 왕조가 수도를 개경에서 한양으로 옮겼을 때 맨 먼저 종묘를 지었지. 종묘가 나라의 중요한 바탕이라 여겼거든.

종묘 정전의 신주

60

음악, 노래, 춤이 어우러진 제례악

유교를 일으킨 공자는 이렇게 말했어.

"사람을 사람답게 만드는 데는 예와 악이 필요하다."

이걸 예악 사상이라고 불러. 사람은 모름지기 예와 악을 함께해야 한다는 거야. 예(禮)는 예절이고, 악(樂)은 풍류야. 풍류는 악기 연주, 노래, 춤이 멋스럽게 어우러지는 일이지. 조상신을 초청한 잔치에서도 정해진 예절에 따라 예악을 갖췄어. 그게 바로 진정한 제례야.

조선이 처음 종묘 제례를 할 때는 제례악이 지금과는 달랐어. 주로 중국에서 들여온 음악을 썼지. 제례가 끝나 갈 즈음에야 우리나라 고유의 음악인 향악을 연주했어. 조상신들이 평소 즐겨 듣던 음악이 국내 가요인데, 잔칫날 초대해 놓고 외국 노래만 잔뜩 들려 드린 셈이야.

조선의 제4대 임금, 세종 대왕은 이를 안타깝게 여겼어. 그래서 제례 음악을 연구하기 시작했지.

"조상님들은 평소에 듣던 음악인 향악이 익숙한데, 종묘의 제사에 당나라의 음악을 먼저 연주하고, 마지막 술을 드릴 때에 이르러서야 겨우 향악을 연주하니 참으로 안타깝소. 조상 어른들이 평소에 들으시던 음악을 제례악으로 쓰는 것이 어떠할지 상의해 보시오." (《조선왕조실록》 중 〈세종실록〉 30권, 세종 7년 10월 15일, 1425년)

세종 대왕의 명에 따라 신하들은 제례 음악을 정리하기 시작했어. 십여 년이 지나자 여러 가지를 해냈지.

"전하, 기본이 되는 음을 정하여 음의 기준을 세웠나이다."

"여러 악기의 음을 맞출 수 있는 조율 악기, 율관도 만들었나이다."

"제례악에서 빠질 수 없는 중요한 악기인 편경도 만들었나이다."

이뿐만이 아니야. 수백 곡의 노래를 세종 대왕이 직접 만들었는데, 그중에 제례 음악이 144곡이나 들어 있었어. 어느 해(1433년) 설날에는 궁궐 잔치에서 처음으로 세종 대왕이 만든 제례 음악을 선보이기도 했지.

그런데 새 음악을 탐탁지 않게 여기는 신하들이 많았어.

"종묘 제례에 향악으로 된 새 음악을 쓰는 것은 아니 되옵니다, 전하!"

당시 관료들은 중국 음악을 연주해야 한다고 여긴 거야.

세종 대왕은 제례 음악을 향악으로 바꾸고 싶었지만 돌아가실 때까지도 뜻을 이루지 못했어. 신하들의 태도가 답답했을 텐데, 세종 대왕은 화내지 않고 이렇게 말해.

"새로 작곡한 곡에서 조상의 공덕을 그려 냈으니 없앨 수는 없다. 의정부와 관습 도감˙에서 함께 잘 들어 보고 가능한지 아닌지 말하면, 내가 마

• 관습도감 | 조선 초기에 예조에 속하여 음악을 가르치던 관아야.

땅히 줄이거나 더하거나 하겠다."(〈조선왕조실록〉 중 〈세종실록〉 126권 세종 31년 12월 11일, 1449년)

하지만 세종 대왕은 새로 작곡한 곡을 고치지는 못했어. 이때 몸이 병약한 상태였고, 세 달 뒤에 돌아가셨기 때문이야.

조선의 제7대 임금이자 세종 대왕의 아들, 세조도 제례 음악에 관심이 많았어. 세조는 아버지가 못다한 뜻을 이루기로 했지. 제례의 절차에 비해 음악이 너무 길어서 다 연주하기 어려운 부분은 짧게 줄였어. 음악에 알맞은 춤도 정하고, 새 음악을 만들어 넣기도 했지. 전에는 찬을 올리거나 그릇을 내가는 제례 절차에는 음악 없이 춤만 추었는데, 여기에 음악도 곁들였어. 신하, 최항(조선 전기 문신)에게 일러 곡에 알맞은 가사도 지으라 했지.

이렇게 하여 제례악이 새로 탄생했어. 조상신들이 평소에 즐기던 향악으로 말이야. 세종 대왕이 만들고 세조가 완성한 종묘 제례악의 역사가 시작된 거야.

제례악은 우리나라의 전통 악기로 연주를 해. 타악기가 주요 선율을 만들고, 현악기를 비롯하여 여러 악기가 다양한 가락을 연주해. 여기에 노래와 춤을 함께하니, 종묘 제례악은 그 어떤 음악보다도 풍성하고 화려해.

편경, 편종, 당피리, 아쟁 등으로 연주하는 제례악

임금님의 제례등후군

종묘 제례 재현

제례가 다가오면 임금님이 앓아 눕는 경우가 꽤 있었어. 제례를 한 번 하자면 준비해야 할 것도 많고, 지켜야 할 예절도 많잖아. 절차에 따라 절도 여러 번 해야 하고, 신위가 있는 방마다 일일이 술을 따라야 하지. 더운 여름이나 추운 겨울에는 얼마나 힘들었을까?

지금은 종묘 대제를 일 년에 한 번만 하지만, 조선 시대에는 여러 가지 제례가 많았어. 정기적으로는 일년에 다섯 번 종묘 제례를 했어. 봄(4월), 여름(7월), 가을(10월), 겨울(1월), 그리고 한 해의 마지막 날인 섣달 그믐이야.

이것 말고도 일이 있을 때마다 때때로 제례를 했어.

조상신께 빌거나 알릴 일이 있을 때 기고제,

햇과일이나 햇곡식이 나올 때는 천신제,

세자나 세자빈 왕비가 인사를 올려야 할 때 알묘의,

나라에 좋은 일이나 나쁜 일을 알리는 공제 등 엄청나게 많았지.

이렇게 많은 제례마다 철저한 예법을 따르는 건 쉬운 일이 아니었을 거야. 요즘 며느리들도 명절이 다가오면 앓아 눕는 경우가 있어. 제례 앞의 임금님이 명절 앞의 며느리 심정이었을까?

절대 음감 세종 대왕

제례악 악기 중 편경이라는 게 있어. 맑은 소리를 내는 타악기야. 16개의 단단한 돌을 기역자 모양으로 깎아 위, 아래, 두 단에 끈으로 매달아서 만들어. 편경은 돌의 두께에 따라 음높이가 다른데, 돌이 두꺼우면 소리가 높고 얇으면 소리도 낮지. 이걸 제 음이 나오게 갈아서 순서대로 매다는 거야. 편경 소리는 아주 맑고 듣기 좋은데, 현대의 악기는 이와 비슷한 게 없어.

종묘 제례악 편경 연주

그간 조선에서는 중국의 편경을 수입해서 썼어. 그러다가 세종 대왕 때 직접 만들었지. 편경이 완성되어 시험 연주를 하자, 모두 아름다운 편경 소리에 취했어. 그런데 세종 대왕이 한마디 하는 거야.

"이칙(솔#에 해당)의 경쇠 소리가 약간 높으니, (돌을 쪼아) 조금 없애면 조화가 될 것이다."

박연*이 알아보니 돌을 가는 장인이 잊어버리고 이칙음을 내는 9번째 돌을 제대로 쪼아 내지 않은 거야. 그 부분을 쪼아 없애니 드디어 제대로 된 소리가 났어. 그러니까 세종 대왕은 음의 미세한 차이도 알아차리는 절대 음감을 갖고 있었던 거야.

세종대왕은 편경에 대한 법까지 만들었어. 만약 전쟁이 나면 편경을 가장 먼저 우물 속에 숨기고 하나라도 망가뜨리면 장을 100대 때리고, 3년 동안 유배를 보낸다는 법이야. 이런 법을 만든 이유는 공자님 가르침 때문인데, 편경에는 어진 임금이 되려면 항상 백성을 굽어살피라는 뜻이 담겨 있거든.

- **박연** | 세종 때의 음악가로 궁중 음악을 정비하고, 우리나라 고유 음악의 기초를 튼튼히 하는 데 힘을 썼어.

제례악을 완성하는 춤

제례악에서 음악과 노래에 맞춰 추는 춤이 일무야. 일무는 돌아가신 왕의 '공덕'을 높이 받드는 뜻으로 춰. '공'은 나라 경제를 일으킨 무공에 감사하는 것이고, '덕'은 나라를 잘 다스려 문화와 경제를 발전시킨 문덕에 감사하는 거야. 덕을 기리는 춤을 문무라 하고, 공을 기리는 춤을 무무라고 불러.

종묘 제례에서는 문무를 출 때 보태평이라는 음악에 맞추어 춤을 춰. 약이라는 악기와 꿩 깃털로 장식한 피리를 들고 춤을 추지. 구름에 달 가듯이 부드럽게 추는 춤이야.

무무를 출 때는 정대업이라는 음악에 맞춰. 무공에 감사하면서 추는 춤답게 나무로 만든 칼, 활, 화살을 손에 쥐고 춤추지. 무무는 은어가 강물을 거슬러 올라가듯 강한 동작으로 검술 하는 것처럼 추는 춤이야.

조선 시대에는 육일무라 하여 한 줄에 6명씩 6줄로 서서 36명이 춤을 추었다고 해. 지금은 8명씩 8줄로 서서 64명이 팔일무를 추고 있어.

• 약 | 단소처럼 생겼으며 구멍은 3개 또는 6개이고 세로로 불어.

칼을 들고 추는 무무

약과 꿩 깃털로 장식한 피리를 들고 추는 문무

제례악의 주제 음악?

제례악에서 대표적인 음악은 보태평과 정대업이라는 곡이야. 각각 11개의 작은 곡으로 이루어져 있어. 보태평은 글자 그대로 태평한 시절을 지킨다는 뜻이고, 정대업은 나라의 큰일(대업)을 잘한다는 뜻이지. 신들을 맞이할 때, 폐백을 드릴 때, 그리고 첫 술잔을 드릴 때엔 보태평을 연주해. 둘째 잔과 셋째 잔의 술을 드릴 때 정대업을 연주하지.

보태평과 정대업을 연주하는 악공은 모두 71명이야. 남빛 명주옷에 검은 선을 두른 치마를 입고, 붉은 띠를 두르고 버선에 검은 가죽신을 신고 연주해.

제례악의 주제 음악과도 같은 보태평과 정대업은 어떤 노랫말을 담고 있을까?

· 보태평 중 제1곡
열성께서 빛나는 운을 여시어
환하고 번성하게 운치가 드러나네.
성대하고 아름다운 것을 칭송하고자 하여
오직 악장으로 노래 부릅니다.

· 정대업 중 제11곡
아아 위대한 열성께서는
대대로 무공이 있으셨네.
큰 덕 높고 넓어
어찌 모두 말할 수 있으랴.
온갖 춤은 차례가 있어
나가고 그치는 것은 법도가 있도다.
의젓하고 편안하며 아름답고 온화하니
길이 나라가 이루어짐을 볼 수 있네.

- **폐백** | 제사 때 신에게 바치는 물건이야.
- **열성** | 대대의 여러 임금을 말해.

종묘의 건축

종묘

신위를 모신 종묘 정전

종묘 제례와 제례악을 하는 종묘는 건물 자체도 유네스코 세계유산이야. 세계 건축의 역사에서 매우 독특한 건물로, 왕과 왕비의 신줏단지를 모시려고 지었어.

종묘 맨 안쪽에는 정전이 길게 펼쳐져 있고, 정전 양쪽 가장자리에는 날개 건물이 있어. 정전은 하도 길어서 한눈에 다 들어오지 않아. 옆에서 보면, 건물을 받치고 있는 기둥들이 한없이 펼쳐지는 것 같지. 이렇게 수평과 수직의 틀이 이어지는 모양은 사람들을 경건하고 엄숙하게 만들어. 게다가 이곳이 조상신의 영혼을 위로하는 곳이라는 걸 알면 더욱 숙연해지지.

처음에 종묘 정전은 7칸 건물로 지었어. 세월이 흘러 칸이 다 차면 옆으로 더 이어 지을 수 있는 구조였기 때문에 필요할 때 칸을 늘려 지었지.

정전 서쪽에는 영령전이라는 건물을 따로 만들었어. 정전에 모신 지 5대가 지나면 영령전으로 옮겨 모시는 거야. 그런데 공덕이 높은 왕의 신위는 5대가 지나도 옮기지 않았어.

종묘의 정전과 영령전은 몇 번을 늘려 지어 정전 19실, 영녕전 16실을 완성했어. 그래서 지금 정전에는 왕 19위와 왕비 30위의 신주를, 영녕전에는 왕 16

위와 왕비 18위를 모시고 있지.

  왕의 자리에 있었지만 연산군과 광해군은 신주가 종묘에 없어. 왕의 이름을 빼앗겼기 때문이야. 왕이 아니었는데 신주가 종묘에 모셔진 분들도 있어. 나라에 공로가 큰 신하들이야. 처음에는 정전 담 밖에 공신당이라는 건물을 지어 큰 공을 세운 신하들 신주를 모셨어. 그런데 나중에 정전 담 안으로 건물을 옮기면서 종묘 안에 모시게 된 거야.

  종묘 입구에서 안으로 들어가는 데는 삼도라는 길이 있어. 가운데가 높아 세 갈래처럼 보이는 길이야. 가운데 높은 길은 신이 다니는 신향로, 오른쪽은 왕이 다니는 어로, 왼쪽은 세자가 다니는 세자로야.

  그런데 삼도에는 거칠고 넓적한 돌이 깔려 있어. 고개를 숙여 살피지 않으면 울퉁불퉁해서 넘어지기 십상이지. 왕과 세자가 다니는 길인데 왜 불편하게 만들었을까?

  서두르지 말고 천천히 가면서 마음을 여미라는 뜻이야. 자신을 낮추며 겸손하게 행동하라고 걸음마다 가르치는 거야.

종묘 삼도

단오는 풍년을 기원하고 흥겹게 노는 명절이야. 음력 5월 5일이 단옷날인데 산신과 여러 신들에게 제사 의례를 갖추고 굿을 한 뒤, 신나는 잔치를 벌여. 제사와 굿이라는 엄숙한 의식을 치르는가 하면, 실컷 웃을 수 있는 연극과 이야기도 펼치지. 전국에서 가장 큰 시장, 난전도 열려. 이렇게 여러 문화가 어우러지는 강릉단오제는 큰 잔치 마당이야.

신나는 잔치 마당

강릉단오제

함께 즐기는 단오제

춘향이가 그네를 타다가 이몽룡을 만난 날은 언제일까?

신윤복(조선 후기의 풍속 화가)의 그림처럼 사람들이 냇가에서 목욕하는 날은?

김홍도(조선 후기의 화가)의 그림처럼 씨름하는 날은?

모두 단옷날의 풍경이야.

단오는 5월 5일이야. 그렇다고 어린이들이 손꼽아 기다리는 어린이날은 아니야. 단오는 달을 보고 날짜를 헤아리는 음력이지. 우리 조상들은 단오를 중요한 명절로 여겼어. 벼농사의 모내기를 한 뒤에 풍년을 빌며 여름을 맞이하는 날이거든.

"폭포에 물맞이하러 가자!"

물에 들어갈 정도로 더운 날씨는 아니지만 여름을 물로 맞으려는 거야. 그러면 병에 걸리지 않고 건강하게 여름을 보낼 수 있을 거라고 믿었어.

김홍도의 〈씨름〉

단옷날 풍경을 그린 신윤복의 〈풍속도〉

　춘향이가 탔던 그네는 아이, 어른, 여자, 남자, 모두 즐겼어. 단오빔(단옷날 준비한 새옷)을 입고 하늘 높이 올라 신선이 되는 기분을 누린 거야. 씨름은 남자들이 가장 많이 즐겼던 놀이야. 다리 거는 기술로 한판승을 따내면 우레 같은 박수가 터지지.

　이것 말고도 단옷날은 풍습이 많아.

　"난 이른 아침에 상추 잎의 이슬을 받아 세수를 할래. 그러면 피부가 고와질 거야."

　"난 창포 삶은 물에 머리를 감을래. 그러면 머리카락이 반들반들 윤이 나고 건강해질 거야."

　"난 창포 뿌리로 비녀를 만들어 머리에 꽂아야지. 그러면 두통이 싹 달아날 거야."

　단오는 설, 추석, 한식과 함께 우리나라의 큰 명절이야. 다른 명절이 가족과 함께 쇠었다면, 단오는 마을 사람들과 함께 쇠는 것이 달라. 마을 사람들이 한자리에 모여서 오래전부터 믿어 온 신에게 제사하고, 음식과 술을 나누며 노래와 춤도 즐겼지. 말 그대로 마을 잔치를 벌인 거야.

단오제는 예전부터 내려온 전통인데, 19세기 후반에 많이 사라졌어. 그나마 남아 있던 전통은 1970년대 새마을 운동을 하면서 없어졌지. 나중에 이런 유산의 가치를 알게 된 사람들이 애써서 다시 찾아냈어. 이제 다시 살아난 강릉단오제는 전통에 따라 해마다 잔치 마당을 벌여.

 엄숙한 의식과 신나는 놀이(제의, 굿, 극)

강릉단오제는 엄숙한 제의를 한 뒤에 굿을 하고, 이어서 재미있고 신나는 극을 펼치며 축제를 흥겹게 즐겨.

단오 준비는 이렇게 시작해.

"단오가 한 달 남았으니 술을 빚읍시다. 술이 익으면 산신에게 제사를 올립시다."

그러니까 음력 4월 5일에 신에게 드릴 술을 빚는 거야. 술을 빚고 열흘이 지나면 술이 익어. 우리나라에는 산이 많기 때문에 예로부터 산신을 중요하게 여겼어. 그래서 산신에게 먼저 제사를 지냈지.

산신만 있다고 여겼을까? 마을과 토지를 지켜 주는 성황신˙도 있다고 믿었어. 그래서 마을 어귀나 고갯마루에 성황당을 짓고 성황신을 모셨지. 단오에 따로 예를 갖춰 모신 신은 성황신 중에서도 으뜸인 국사성황신이야.

산신과 국사성황신에게 제를 올리고 나면, 제사에 썼던 술을 마셔. 이 술은 신들이 내려 주는 복이라 여겼어. 그래서 복을 마신다는 뜻으로 음복이라고 해. 예법에 따라 음복을 하고 나면 제사 의례가 끝난 거야.

• **성황신** | 서낭신의 원말.

제사 의례가 끝나면 굿을 할 차례야. 이제 무당과 남자들이 산으로 올라가지. 신이 내린 나무, 신목을 베러 가는 거야. 그런데 수많은 나무 중에서 신이 내린 나무는 어떤 나무일까?

"저기 봐요! 나뭇가지가 신통하게 떨리고 있어요!"

"오, 신목입니다!"

제단에 음식을 차리고 제를 올리는 모습

신령이 깃든 것처럼 신통하게 떨리는 나무는 힘 좋은 남자가 받들었지. 신목을 받들고 대관령을 내려와 이 마을, 저 마을 성황당을 거치면서 사람들은 또 제를 지내. 신을 맞이하는 거야. 이제 단옷날을 맞이하기 위한 준비가 다 됐어.

굿마당에서 굿을 하는 무당

보름이 지나면 신들을 굿당으로 옮겨. 굿당에는 제단과 굿마당을 미리 마련해 두었지. 제단에는 온갖 음식을 차리고 굿마당에서는 무당이 열두 거리 굿을 해. 때에 따라서 열두 거리는 보태거나 빼기도 하지.

굿이 끝나면 극을 공연하는 차례야. 관청의 노비들이 탈을 쓰고 하던 극이라서 관노가면극이라고 불러. 사람들은 이 시간을 손꼽아 기다리지. 배꼽 빠지게 재미있거든. 장자마리, 양반광대, 소매각시, 시시딱딱이 등 일곱 명이 배우로 나와. 십여 명의 악공들은 자리를 차지하고 장단을 맞추지.

극은 소매각시를 두고 양반광대와 시시딱딱이가 벌이는 사랑싸움이야. 여기에서 양반은 우스꽝스럽고 치사한 인물로 나와. 양반이 감추고 있던 나쁜 생각이나 음모가 극에서 샅샅이 드러나지. 사람들은 실컷 웃으며 억울했던 일, 속상했던 일을 다 풀어 버리는 거야.

관노가면극이 끝나면 전국에서 가장 큰 난장이 벌어져. 난장은 정해진 장날 말고 따로 특별히 서는 장이야. 그래서 어지럽다는 '난(亂)' 자를 써서 난장이라고 해. 별의별 물건이 다 있는 난장에서 시장 구경을 하면 시간이 어떻게 흘러가는지 몰라.

단옷날 축제는 이렇게 즐기는 거야. 마을 사람 전체가 참여하면서 말이지.

홍역은 물러가라!

공연 극의 인물 중에는 시시딱딱이가 있어. '시시'는 잡귀를 쫓아낼 때 쓰는 소리야. '딱딱이'는 탈춤 추는 사람을 말해. 그러니까 시시딱딱이는 탈춤을 추어 잡귀를 쫓아내는 역할을 하는 인물이야. 시시딱딱이 탈은 깜짝 놀랄 정도로 무섭게 생겼어. 다섯 가지 색에, 칼자국 흉터까지 있지. 이리 무서운 가면을 쓰고 청회색 도포를 휘날리며 나무칼을 휘두르며 춤을 춰. 그 모습은 시원하기도 하고 무섭기도 해.

관노가면극

시시딱딱이를 무섭게 만든 것은 여름에 걸리기 쉬운 홍역이라는 병 때문이야. 옛날에는 아이들이 홍역에 많이 걸렸어. 예방 접종이 없었거든. 홍역이 걸리면 고생도 하고 흉터도 쉬 남으니까 그걸 막으려는 거야. 홍역이 오다가 시시딱딱이를 보고 무서워서 도망가라는 바람이지. 가면춤으로 병균을 예방하려고 한 생각이 재미있어.

제주 칠머리당 영등굿은 바람이 많이 부는 제주 칠머리당에서 바람의 신, 영등할머니를 위해 벌이는 잔치야. 바람이 거세어 파도가 높으면 사람들은 영등할머니가 왔다고 생각했거든. 물살이 세면 해녀들은 물질을 못 하고, 고기잡이 배도 못 띄워. 그래서 굿으로 영등할머니를 달래고 바람을 잠재우려는 거야. 마을 사람들은 노래하고 춤추며 제주 칠머리당 영등굿에 흥을 더해. 일상에서 하는 고된 일을 털고 소원을 빌면서 즐기는 신명 나는 축제야.

바람신께 비나이다

제주 칠머리당 영등굿

바람을 잠재워 주세요

겨울이 가고 봄이 오는가 할 적에, 매서운 바람이 몰아치는 때가 있어. 꽃샘추위가 기승을 부리는 때 말이야. 사방이 바다인 제주에서는 더욱 심해. 바람이 거칠고 파도가 높아지는 때가 오면, 제주 사람들은 바다에서 하는 모든 일을 멈추고 이렇게 말해.

"영등할망 오신다!"

"영등할망 맞이하자!"

제주도 사투리로 영등할망은 영등할머니야. 바람과 비를 부리는 신이지. 사람들은 영등할머니가 음력 2월 1일에 왔다가 15일에서 20일 사이에 간다고 생각했어. 이때 영등할머니를 잘 대접하는 것이 날씨에 기대 사는 사람들의 몫이라고 여긴 거야.

가득 차려진 영등굿 제물들

제주 칠머리당 영등굿　　　　　　장구, 징 등 영등굿 악기들

　사실 제주에서는 마을 곳곳에서 영등굿을 했어. 항구가 내다보이는 칠머리에서도 사당을 짓고 영등굿을 했지. 칠머리당 영등굿은 옛 모습을 많이 간직한 걸로 알려져 있어.

　해마다 2월 1일에 영등할망을 맞이하는 걸로 칠머리당 영등굿을 시작해. 2월 14일에는 잘 가시라고 이별하는 굿을 하지. 맞이하는 영등굿은 간단해. 하지만 이별하는 영등굿은 절차를 갖추어 크게 벌여. 마을의 해녀와 어부는 물론 제주 전체에서 사람들이 몰려와 정성껏 굿을 하지.

　장구, 북, 징 같은 타악기의 장단이 울려 퍼지면 굿을 맡아 하는 심방(무당)은 노래하고 춤을 추며 굿판을 이끌어. 먼저 영등할망을 비롯하여 모든 신을 부르는 게 순서야. 제주에는 1만 8천 신이 있다고 해. 심방은 이 신들을 다 초대해. 그리고 마을 사람들의 행운을 기원하지.

　다음에는 마을의 수호신을 불러 평안을 기원해. 도원수 감찰 지방관과 용왕 해신 부인이 마을을 지키는데, 이들은 부부 수호신이야.
　이제 용왕신과 영등할망을 모시는 순서가 되면, 사람들은 바람이 잠자기를 빌어. 어부와 해녀가 바다에서 안전하게 일하는 것도 기원하지. 마을 전체에 좋은 일만 생기기를 비는 것도 잊지 않아.
　제주의 다른 마을에서 하는 영등굿은 여기까지 하고 뒤풀이를 놀고 끝이 나. 그런데 제주 칠머리당 영등굿에서는 영감놀이라는 게 더 있어. 영감은 도깨비야. 도깨비와 재미있게 놀면서 굿판에 모인 사람들이 즐거운 시간을 보내는 거야.
　이처럼 바람이 세게 불어 바다에 나갈 수 없는 때, 사람들은 소원을 빌며 축제를 즐겼어. 축제를 하면서 내일 일할 힘과 용기를 얻었을 거야.

 씨를 드립니다

영등굿에서 용왕님과 영등할머니를 모시고 나면, 꼭 하는 특별한 장면이 있어. 바로 '씨드림'이야. 바다에서 나는 생물의 씨를 바다에 드린다 하여 씨드림이지. 밭에 씨앗을 뿌리듯, 해산물의 씨앗을 바다에 뿌리는 거야. 씨드림은 다른 지역의 굿에는 나오지 않아. 오직 제주의 영등굿에만 있는 장면이지.

전복, 소라 같은 해산물을 직접 뿌리는 건 아니고, 조를 대신 뿌려. 해녀들은 조가 든 망탱이를 매고 한바탕 춤을 춘 뒤에 바다로 달려나가. 그리고 이렇게 말해.

"영등하르바님(할아버님), 할마님(할머님), 영등대왕, 영등벨캄(영등별감), 영등우장, 영등호장님네, 전복씨, 소라씨, 우미(우뭇가사리)씨, 천초(우뭇가사리 종류)씨, 해삼씨, 문어씨, 오분재기(전복과 모양은 같은데 크기가 작은 것)씨, 고동(고둥)씨 뿌려 줍서(뿌려 주세요)."

마을마다 조금 다르게 말하기도 해.

"영등하르바님, 할마님, 영등대왕, 영등벨캄, 영등우장, 영등호장님네, 전복씨 드립니다. 소라씨 드립니다. 우미씨 드립니다. (뒤에 생략)"

씨드림을 할 때는 영등할머니뿐만 아니라 온갖 벼슬자리를 다 붙인 신들을 불러내. 그리고 해녀들은 신들 대신 씨앗을 뿌려. 영등할머니와 여러 영등신들이 해녀에게 역할을 맡기기라도 한 것처럼 말이야. 그러면서 마음속으로 기원을 하지.

'해산물이 잘 자라게 해 줍서(해 주세요)!'

'바다 밭이 풍성해지게 해 줍서!'

기원이 끝나면 해녀들은 서우젯소리라는 노래를 다 같이 부르며 놀아. 이런 잔치를 즐기면서 마을 사람들은 사이가 더 끈끈해지고 단단해졌을 거야.

풍습으로 보는 품격의 철학

영등할머니가 오는 2월 1일에는 콩을 볶는 풍습이 있었어. 이날 콩을 볶으면 집 안에 노래기가 없어지고 깨끗해진다고 믿었지. 옛날에는 지붕을 짚으로 엮었기 때문에 그 안에 노래기 같은 벌레가 많이 살았거든. 날이 따뜻해지기 시작할 때 콩을 볶으면 연기가 나서 노래기가 지붕 밖으로 나와 멀리 도망갔던 거야.

그런데 콩을 볶을 때면 이렇게 말했어.
"쥐 알 볶아라, 새알 볶아라."
노래기를 내쫓는다면서 왜 쥐 알, 새알을 들먹였을까?

쥐와 새가 이 말을 알아듣는다면 깜짝 놀라 도망가지 않겠어? 그러니까 "너희 노래기들도 알아서 나가라." 하고 넌지시 알리는 거야. 벌레가 사람 말을 알아들을 리도 없지만, 너무 큰 충격을 주지 않고 상대가 알아서 물러나게끔 배려한 거지.

벌레를 내쫓으면서도 직접 물러가라 하지 않고 점잖게 에둘러 말하는 조상들의 재치를 봐. 하찮은 생물을 대하는 태도에서 생명 존중의 지혜를 엿볼 수 있어.

노래기를 쫓을 때 다른 방법을 쓰기도 했어.
'향랑각시야, 부지런히 발을 놀려 천 리 밖으로 떠나거라(향랑각시 천리속거).'
이렇게 종이에 써서 서까래 기둥에 거꾸로 붙여 두었어. 벌레를 글로 타이르다니, 엉뚱하면서도 재미있어. 향랑각시는 노래기를 다르게 부른 말이야. 징그럽게 생기고 냄새나는 노래기한테 '향주머니 각시'라는 예쁜 이름으로 불러 준 것도 재치가 넘쳐.

영산재는 불교에서 말하는 진리의 세계로 사람들을 안내하는 의식이야. 산 사람과 죽은 사람 모두 극락 세상으로 이끈다는 기도가 담겨 있어. 이 의식의 절차에는 부처님의 가르침이 음악, 노래, 무용, 미술, 그리고 연극의 모습으로 펼쳐져. 이렇게 여러 분야의 예술이 섞여 있어서 종합 예술이라고 말해. 그러니까 종교적인 의식이면서 동시에 인류 보편의 가치를 담아 예술의 다양한 모습을 보여 주는 공연 예술이야.

극락세계로 초대하는
영산재

 ## 종교라기보다는 문화

사람이 많이 모여 떠들썩하고 부산스러울 때 사람들은 이렇게 말해.
"웬 야단법석이야?"
"왜 이리 야단스러워?"
'야단법석', '야단스럽다', '야단', 이런 말은 어디에서 왔을까?
옛날에 절에서 부처님의 가르침을 펼칠 때 야외에서 할 때가 있었어. 사람들이 많이 모이면 건물 안 법당에서 하기가 힘들거든. 그럴 때면 마당이나 들처럼 넓은 곳에서 설법을 하여 더 많은 사람들이 참여할 수 있게 했지.

이처럼 많은 사람이 모인 가운데 부처님의 가르침을 설파하던 자리를 '야단법석'이라고 해. 사람이 많으면 으레 시끄럽고 부산스러웠을 거야. 그래서 야단법석을 지금과 같은 뜻으로 쓰게 됐겠지.

우리나라에서는 불교가 오랫동안 생활이고 철학이고 문화였어. 그래서 종교와 상관없이 누구나 '야단법석', '야단', '야단스럽다'는 말을 자연스럽게 써.

영산재라는 말을 처음 듣는 사람이 많을 거야. '영산'은 불교가 태어난 나라, 인디아의 영취산이야. '재'는 불교 의식을 말해. 2600여 년 전, 영취산 야단법석에서 부처님은 사람들을 가르쳤다고 해.

"그때 하늘에서 꽃비가 내렸다고 합니다!"
"성스러운 음악도 흘러나왔다고 하지요!"
"성스러운 춤도 추었다고 하네요!"
"사람들도 신들도 모두 감동을 받았대요!"

　불교가 우리나라에 전해진 뒤,
사람들은 영취산의 감동도 전해 들었을 거야.
　"그 감동의 자리를 여기서 다시 펼쳐 봅시다!"
　사람들은 당시의 장면을 본뜬 의례를 만들었어. 마치 영취산인 것처럼 주위를 꾸미고, 꽃비 대신 종이로 꽃을 만들어 장식하고, 당시 모습을 그린 〈영산회상도〉를 그려서 내다 걸었지. 그리고 부처님의 가르침을 음악, 노래, 춤으로 펼쳐 보인 거야.
　당시의 장면과 최대한 비슷하게 여러 가지 절차를 만들고, 모든 절차를 의식으로 정하여 실천했어. 그 의식이 바로 영산재야. 중국이나 일본에도 불교가 퍼졌지만 오직 우리나라에만 독창적으로 생겨났고, 이어져 내려왔어.
　영산재의 역사는 삼국 시대로 거슬러 올라가. 신라의 흥덕왕 때 임금의 스승인 승려, 진감 선사가 불교 음악을 거행했다는 기록이 비석의 글에 있거든. 〈삼국유사〉에도 불교 음악에 대한 기록이 있는 걸로 보아 영산재가 있었다는 걸 미루어 짐작할 수 있어. 고려 때 기록은 없지만, 고려가 불교의 나라였으니 널리 퍼졌을 것으로 짐작해. 조선 시대에도 영산재의 기록은 여럿이 있어.

부처님의 가르침을 음악, 노래, 춤으로 펼치는 영산재

이처럼 오랜 세월 동안 영산재는 우리나라 불교의 큰 의식으로 자리잡았어. 영산재에서 하는 음악과 노래, 그리고 무용은 미술과 연극적인 모습과 더불어 수준 높은 종합 예술이 되었지. 일제 강점기와 한국 전쟁이라는 위기 속에서도 사라지지 않고 이어져 내려와 지금도 전국의 여러 절에서 해마다 거행되고 있어. 서울 서대문구에 있는 봉원사가 영산재를 하는 대표적인 절이야.

 ## 영산재 준비는 어떻게?

영산재 준비는 일 년 내내 한다고 봐야 해. 영산재에서 거행되는 음악, 노래, 무용은 고도의 기술이 필요하여 대단히 오랜 세월 갈고 닦아야

하거든.

늘 닦아야 하는 기술 말고, 행사가 바투 있을 때는 무얼 준비할까? 영산재가 보름 뒤로 다가오면 종이꽃부터 만들어.

"종이꽃을 만들어 장식하면 여기가 바로 영취산이요, 우리 모두 가고 싶은 극락세계랍니다."

금색 종이와 은색 종이로 금전, 은전도 만들어. 이 세상에 살면서 빚을 지었다면, 그 빚을 갚아야 한다는 뜻이야.

"한 번 지은 빚은 시간이 흐른다고 해서 저절로 없어지지 않습니다."

살아 있는 동안 진 빚은 죽어서도 노력하여 갚아야 한다는 엄격한 철학을 엿볼 수 있어.

초도 만들어. 꿀벌이 벌집을 만들려고 분비하는 황랍으로 만들지. 황랍을 끓여서 완전히 녹이고 포에 걸러서 굳히면 돼. 초가 스스로 태워서 세상을 밝히듯 사람도 그리 하라는 뜻이야.

그리고 단에 올릴 음식도 만들고, 영산재에 참석하는 사람들이 먹을 음식도 만들어. 이런 걸 준비하는 사람들은 이 과정이 다 마음을 갈고 닦는 수련 과정이라고 여겨.

가장 오래된 봉정사 〈영산회상도〉

영산재를 준비할 때 가장 중요한 것은 그림이야. 〈영산회상도〉라는 그림인데, 영산의 감동적인 장면을 그렸어. 가운데 부처님이 있고, 주위에 제자, 보살 등이 둘러서 있어. 〈영산회상도〉를 내다 걸면 사람들은 그곳이 영산이라고 여겨.

경북 안동의 봉정사라는 절에는 〈영산회상도〉가 벽화로 남아 있어. 1435년 즈음에 제작되었을 것으로 짐작하는 그림이야. 지금 전해지는 〈영산회상도〉 중에서 가장 오래됐지.

〈영산회상도〉에는 부처님 말씀을 듣는 국왕과 신하들, 그리고 청중이 나오기도 해. 사리불이라는 제자가 부처에게 질문하는 장면을 그린 그림도 있어. 당시의 상황을 실감나게 묘사하려고 애쓴 흔적이 보이지.

〈영산회상도〉를 내다 거는 것까지 모든 준비가 끝나면, 첫 의례를 시작해. 돌아가신 분들의 영혼을 초대하는 게 첫 순서야. 불교의 성인들도 초대하지. 절 밖에서 이들을 모셔 가는 것처럼 꾸며서 행렬 의식으로 보여 줘. 이때 부처님도 모시고 가는 것처럼 꾸미는데, 빈 가마를 끌고 가면서 부처님이 탔다고 여기는 거야.

주위에선 음악이 울려 퍼져. 해금, 북, 장구, 거문고 등으로 섬세하며 아름다운 음악을 연주하는 거야. 이와 같은 첫 절차와 함께 모두 13절차를 통해 의식을 거행해. 각 절차마다 단계가 많아 모두 합치면 200여 단계나 돼.

영산재 의식에서는 참석한 모든 이에게 음식을 대접해. 먹을 것을 함께 나누는 것은 특별한 의미가 있어. 음식을 먹은 모든 사람이 극락세계로 간다고 믿는 거야.

영산재 행렬 의식

부처님의 말씀을 가르치는 절차에서는 부처님의 말씀을 노래로 불러. 음악과 춤으로도 가르침을 전하지.

모든 절차가 끝나면 마지막으로 예의를 갖춰 초대한 분들을 보내는 의례를 해.

이런 식의 영산재를 예전에는 사흘 밤낮에 걸쳐 했어. 봉원사에서는 지금도 해마다 영산재 의식을 거행해. 다만 사흘에 걸쳐 하던 걸 20세기 후반부터는 하루로 줄였어. 또 단오(음력 5월 5일)에 하던 것을 6월 6일 현충일에 해. 공휴일에 해서 더 많은 사람들에게 알리려는 거야. 세월 따라 의식도 변하는 거지.

영산재의 여러 가지 춤

　영산재에 나오는 춤은 크게 네 종류인데, 오랜 시간을 들여 배워야 하는 어려운 춤이야.

· **법고춤** : 법고는 큰북이야. 법고를 치며 추는 춤이 법고춤이지. 느리게 시작하여 박자와 춤사위가 점점 빨라져. 빨라지는 만큼 불교 공부를 더 열심히 한다는 뜻이야. 끝에는 박자와 춤사위가 다시 느려지는데, 이것은 그간 공부를 많이 했다는 걸 말해. 법고 소리를 듣고 세상의 중생들이 해탈하기를 바란다는 뜻이야.

· **나비춤** : 춤추는 모습이 나비처럼 보여서 나비춤이야. 양손에는 연꽃을 들어. 연꽃이 진흙 속에 뿌리를 내려도 아름다운 꽃을 피워 내는 것처럼 어디서나 깨끗함을 잃지 말라는 뜻이야. 머리에는 고깔을 써서 신비로운 모습을 더해. 나비춤의 춤사위는 아주 느리고 부드러워. 어깨나 고개를 움직이지 않고 조용하게 추는데, 긴 옷소매가 나비의 날개처럼 팔랑거려서 더욱 우아한 춤이지.

· **바라춤** : 바라는 징과 비슷한 악기야. 바라를 양손에 들고 마주 쳐서 울리며 춤사위를 해. 빠른 동작으로 앞으로 나가고 뒤로 물러서며, 빙그르르 도는 동작이 멋스러워. 이 춤은 악귀를 물리쳐서 마음을 깨끗이 하려고 추는 춤이야. 이 춤을 추면 도를 닦는 장소도 깨끗하게 된다고 믿었어.

· **타주춤** : 타주는 막대기를 두드린다는 뜻이야. 타주춤은 나비춤처럼 넓은 소매옷을 입고 고깔을 쓴 승려 두 명이 타주를 하며 추는 춤이지. 이 춤은 깨달음을 바라면서 춤을 추지. 영산재에 참여한 모든 사람들에게 먹을 것을 베푸는 과정에 이 춤을 춰.

처용무는 처용이 추는 춤이야. 예전에 궁중에서 하던 무용으로 현재 전해지는 궁중 무용 중에서 가장 오래된 춤이지. 사람들은 이 춤이 악귀를 몰아내고, 나라를 보호하며, 평안을 가져다준다고 여겼어. 또 몹쓸 병을 옮기는 귀신도 쫓아낼 수 있다고 생각했지.

음력으로 한 해의 마지막 날인 섣달 그믐날에 처용무를 추면서, 사람들은 새해에 좋은 일이 생기기를 바랐던 거야.

잡귀야 물러가라

처용무

저와 같이 가세요.

임금님 따라 인간 세상에 가 보고 싶습니다.

처용은 누구?

처용 이야기는 천 년도 넘은 이야기야. 통일 신라 시대 임금님(헌강왕, 신라 49대 왕)이 경주를 떠나 다른 곳을 행차하던 중이었어. 세죽*이라는 바닷가 마을에 이르러 쉬고 있을 때였지.

갑자기 짙은 구름이 몰려오더니, 안개가 세상을 캄캄하게 덮어 버린 거야. 왕 일행은 길을 잃고 말았어. 이것을 이상하게 여긴 왕이 신하에게 물었지.

"무슨 조화인고?"

왕의 행차에 따라간 신하 중에는 따로 날씨를 보는 신하가 있어서 대답을 했어.

"동해 바다의 용이 부리는 조화입니다. 좋은 일을 베풀어 이를 풀어야 할 것입니다."

당시에는 용을 신으로 모시며 떠받드는 풍습이 있었거든. 왕은 이 말을 듣고 바로 명령을 했어.

"그렇다면 이 근처에 용을 모시는 절을 짓도록 하여라."

이 명령이 떨어지자마자 신기하게도 먹구름이 걷히고 안개가 흩어지는 거야. 곧이어 동해 바다 용신이 7명의 아들을 데리고 임금 앞에 나타났어.

- **세죽** | 지금은 우리나라 남동쪽에 있는 울산 개운포.

"임금님의 덕이 하늘처럼 높으시고 훌륭하옵니다!"

용신은 왕의 덕을 칭찬하더니 음악을 연주하고 노래를 부르며 춤도 췄어.

그런데 용신의 아들 중 한 명이 간절하게 부탁을 하는 거야.

"저는 처용이라고 합니다! 임금님을 따라 인간 세상에 가 보고 싶습니다!"

왕은 기꺼이 허락했어. 그리고 신라의 수도인 경주로 함께 갔지. 처용은 경주에서 아내도 맞이하고, 벼슬도 하고, 왕을 도우며, 인간 세상에서 함께 살았다고 해.

 처용의 춤은 어디에서?

처용이 경주에서 살던 어느 날 밤이었어. 밖에 나갔다가 집에 와 보니 방에 누가 와 있었지. 그것은 바로 역병을 일으키고 옮기는 역신이었어. 역신이 처용의 아내와 잠을 자고 있는 거야. 이런 일을 겪는다면 누구라도 화가 나지 않겠어? 과연 처용도 화를 냈을까?

용의 아들이니 힘이 세서 얼마든지 역신을 혼내 줄 수 있었을 거야. 그런데 처용은 역신한테 벌을 주지도 않고 혼내지도 않았어. 오히려 노래를 불렀지. 춤까지 추면서 말이야.

"서라벌(경주) 달이 밝아 밤까지 놀다가
들어와 잠자리를 보니 다른 사람이 있네.
한 사람은 내 아내인데 다른 사람은 누구일까?
원래 내 아내인데 이제는 빼앗겼으니 어찌할까?"

<기해기사계첩> 속 처용무

역신은 처용이 노래하고 춤추는 걸 보고는 깜짝 놀랐어. 자기가 저지른 잘못에 대하여 따지지도 않고 화를 내지도 않으니 당황한 거야. 역신은 처용이 보통 인물이 아닌 것을 알아챘어. 그래서 바로 자신의 모습을 드러내고 잘못을 빌었지.

"제가 공의 아내와 같이 있는 것을 보고도 화를 내지 않으시다니, 감동할 따름입니다! 앞으로는 공의 모습을 그린 그림만 보아도 그 문으로는 들어가지 않겠습니다!"

역신은 이 말을 남기고 떠났어. 이 소문은 온 나라에 퍼졌지.

"처용의 얼굴 그림이 있으면 귀신이 얼씬도 안 한대."

"처용의 모습을 문에 붙이자."

사람들은 처용의 모습을 그려 문에 붙이기 시작했어. 귀신이 들어오지 않기를 바란 거야. 나쁜 것은 물리치고 좋은 것은 맞이하려는 바람이지.

 처용의 춤을 추려면

동해 용신의 아들, 처용의 춤을 추려면 처용처럼 보여야 해. 처용은 어떻게 생겼을까?

얼굴은 팥죽처럼 붉은색이야. 이는 하얗게 드러내고 있어. 목에는 목걸이를 하고, 귀에는 귀고리를 달았지. 검은색 모자를 쓰고, 모자 위에는 모란 두 송이와 복숭아 열매 일곱 개를 꽂았어.

어떻게 아느냐고? 처용의 탈에 나오거든. 궁중에서 추는 춤 중에 탈을 쓰는 춤은 없어. 오직 처용의 춤만 탈을 쓰고 추지. 탈은 동해 용신의 아들 처용의 모습을 흉내 낸 거야.

지금 전해지는 처용무는 다섯 명이 춰. 청색, 흰색, 붉은색, 검은색, 그리고 노랑색으로 각각 색깔을 맞춰 옷을 입지. 이 다섯 가지 오방색은 동서남북과 가운데, 이렇게 다섯 방향을 뜻해.

처용 탈을 쓴 다섯 사람이 오방색 옷을 입고 추는 처용무

옛날에는 한 사람이 검은 베옷을 입고 처용무를 췄어. 그런데 조선 초기에 사람을 다섯으로 늘리고, 옷 색깔도 오방색으로 맞추고, 음악도 더했지.

처용의 춤은 용신의 아들이 춘 춤답게 동작이 굵고 묵직한 무게가 실려 있어. 장엄한 느낌이 나고 호탕한 분위기도 풍겨. 춤사위가 남성적이면서 힘차고 활달한 동작으로, 보는 사람은 무게와 위엄을 느끼지.

평화로운 시대의 이야기?

처용의 춤 이야기가 들어 있는 〈삼국유사〉에는 다른 신의 춤 이야기도 나와.

개운포에서 동해의 용신이 나온 것처럼, 포석정에서는 남산신이 나오고, 금강고개에서는 북악신이, 동례전에서는 지신이 나왔다는 거야. 이들 신은 모두 춤을 추었다는 공통점이 있어. 신들의 춤은 나라를 위하고 나쁜 것을 물리친다는 뜻이야.

이렇게 신들이 나와 좋은 뜻을 전한 것은 다 이유가 있어. 헌강왕 때 세상이 얼마나 평화롭고 살기 좋았는지 알려 주려는 거야. 당시 신라의 수도는 경주였는데, 경주에서 다른 지방에 이르기까지 초가는 하나도 없이 모두 기와집이었다는 기록이 있어. 풍악과 노랫소리가 길에서 끊이지 않았고, 바람과 비는 사시사철 순조로웠다고 해.

이 이야기로는 당시 신라가 아주 잘살고 평화로웠던 것처럼 보여. 그런데 이게 사실일까?

헌강왕 시대는 바람 앞의 등불처럼 나라가 위태로웠던 때야. 왕의 자리를 놓고 왕족들은 싸움을 벌였고, 귀족들은 권력을 잡으려고 다퉜어. 게다가 밖에서 왜구가 들어와 도적질을 일삼았지.

이렇게 앞뒤가 맞지 않으니 어찌 된 걸까?

헌강왕 앞에 용신이 나타나 개운포라 이름 지은 곳은 지금의 울산 지방이야. 울산은 양산이라는 곳과 더불어 당시에 호족들의 힘이 특히 셌지. 왕권을 위협할 정도였으니까. 또한 왜구의 본거지인 쓰시마 섬과 가까워서 군사적으로도 중요한 곳이었어.

헌강왕이 그곳을 둘러보러 행차한 것은 이런 정치적, 군사적인 뒷배경이 깔려 있던 것 같아. 나라의 힘이 약해지는 위기를 헌강왕은 잘 알고 있었고, 백성들의 불안을 없애고 민심을 돌보려 했던 거야.

헌강왕은 어려서부터 영리했다고 해. 왕이 되어서도 나라에 좋은 점은 모두 신하들의 공으로 돌리고, 나라의 어려운 점은 모두 자신의 탓으로 돌릴 정도로 지혜로웠다는 거야.

나라를 염려하며 헌강왕은 개운포에 행차했고, 먹구름이 드리운 것처럼 신라가 위기에 처해 있을 때, 평화로운 시대를 바라며 용신제를 지냈지. 그것이 설화가 되어 지금까지 전해진다고 볼 수 있어.

처용의 이야기와 춤은 그 자체만으로도 재미와 가치가 있어. 그런데 이들이 생겨난 때의 역사와 문화를 알고 나면, 현실의 어려움을 이겨 내려고 애쓴 흔적도 볼 수 있지.

판소리는 음악, 문학, 그리고 연극의 특성까지 갖고 있는 종합 예술이야. 판소리는 사람들이 세상을 살아가면서 겪는 슬픔과 아픔을 달래 줬지. 조선 후기, 17~19세기에 크게 유행했어. 판소리에는 청중이 어깨를 들썩이며 참여하게 만드는 신비한 힘이 있어. 그래서 진짜 판소리는 청중이 참여해야 한다고 말해.

3장. 나누고 즐기다

놀이판의 종합 예술
판소리

한국의 오페라?

1970년대 말 즈음, 어떤 프랑스 기자가 한국의 공연을 보고 이런 말을 했어.

"한국에는 대단히 놀라운 오페라가 있습니다. 단 두 사람이 오페라를 하는데 한 사람은 부채를 들고 노래를 부르며, 한 사람은 북을 칩니다. 한국에 오페라가 있다는 걸 몰랐는데, 더욱 놀라운 것은 공연 시간이 8시간이었다는 것입니다. 부채를 든 가수는 8시간을 계속 노래를 부르고, 관객은 누구 하나 자리를 뜨는 사람이 없었습니다. 한국의 문화에 기가 질렸으나 독특한 매력을 느꼈습니다."

이건 어떤 공연일까?

고수의 북 장단과 소리꾼의 창이 어우러진 판소리

 짐작했겠지만 판소리 공연이야. 오페라가 음악을 중심으로 한 종합 무대 예술이라면, 판소리는 한국의 오페라라고 할 수 있지. 그런데 이 프랑스 기자는 진짜 판소리를 보았다고 할 수 없어. 청중이 추임새를 넣어야 진짜 판소리라고 할 수 있거든.

 "얼쑤", "얼씨구", "그렇지", "아무렴", "잘한다", "좋다", "저런", 이런 식으로 하는 게 추임새야. 판소리는 소리꾼의 소리, 고수의 장단에 청중의 추임새가 있어야 해. 추임새야말로 소리꾼이 소리를 하게 만드는 힘이지. 청중의 추임새 없이 8시간이라니, 소리꾼이 너무 안쓰러워.

 사실 요즘엔 판소리를 할 수 있는 판이 흔치 않아. 프랑스 기자가 본 것처럼 공연으로 판소리를 만나는 게 대부분이야. 공연에서는 청중의 추임새가 거의 없이, 고수의 추임새로만 소리를 해.

 고수는 북을 치는 사람이야. 소리의 가락에 맞게 북 장단을 맞추고 추임새를 넣어. 얼핏 보면 보조적인 역할 같지만, 사실은 소리판을 이끌어 가는 중요한 역할이야. 악단의 지휘자처럼 말이야.

판소리는 '판'과 '소리'가 합쳐진 말로 짐작할 수 있어. '판'은 놀이판, 춤판처럼 여러 사람이 같은 뜻으로 어우러지는 자리야. '소리'는 성악만을 뜻하기도 하고, 판소리를 뜻하기도 해.

판소리 하는 소리꾼이 부르는 노래는 따로 '창'이라고도 해. 창은 아주 낮은 음에서 높은 음까지, 아주 느린 장단에서 빠른 장단까지 너무나 다양해. 뙤약볕 아래 엿가락처럼 늘어지기도 하고, 골 깊은 골짜기 바람처럼 몰아치기도 하지.

노래 중간에 말을 하는 장면도 있어. 노래가 시라면 이때 하는 말은 산문이야. 말로 사건이 바뀐 것을 설명하기도 하고, 시간이 지난 것을 알려 주기도 해. 등장인물의 속마음을 알려 주기도 하고, 장면이 어떻게 돌아가는 건지 맥락도 설명해 줘.

이렇게 말로 하는 것을 '아니리'라고 불러. 어떤 이는 아니리가 판소리의 속뜻을 알려 주는 부분, '안의 리'라고도 봤어. 창을 하는 사이에 아니리를 하는 것은 소리꾼에게 어느 정도 쉴 수 있는 짬을 주기도 해.

19세기에 당시의 판소리를 정리한 사람, 신재효는 이렇게 말했어.

"아니리를 짤 때는 아리따운 제비 말과 공교로운 앵무 소리로 짜야 한다."

그러니까 그냥 말보다는 예술적으로 멋진 말을 써서 짜야 한다는 거지.

창과 아니리 말고도 소리꾼이 하는 게 또 있는데, 그건 소리 도중에 하는 몸짓이야. 이 몸짓을 '너름새(발림)'라고 부르는데, 마치 춤처럼 보여. 소리꾼이 하는 몸의 모든 움직임을 너름새라고 보면 돼.

이렇게 창, 아니리, 너름새에 추임새가 어우러지면 진짜 판소리가 되는 거야.

양반과 평민이 함께 즐기다

판소리의 처음부터 끝까지 이야기를 갖고 노는 걸 '마당'이라고 불러. 판소리는 한 마당을 하는데 시간이 많이 걸려. 그래서 마을을 찾아 돌며 소리를 할 때 한 번에 다 마치기보다는 며칠에 나누어서 했어.

"어제 ○○까지 했으니 오늘은 ○○대목이렷다."

이런 식으로 연속극처럼 하는 거야. 사람들은 눈을 반짝이고, 귀를 쫑긋하며, 언제라도 추임새를 넣을 준비를 하고 있지. 당시 판소리는 연속극이자 영화였고, 오페라이자 함께 즐기는 놀이였어.

신분이 엄격한 시대에는 신분에 따라 즐기는 예술이 다르기 마련이야. 그런데 판소리는 신분이 높거나 낮거나 다 같이 즐겼어. 어떻게 그리 되었을까, 학자들이 그 이유를 꼼꼼하게 따져 봤지.

신분을 넘어 모두가 즐긴 판소리 (<평양도>, 서울대박물관 소장)

판소리, 〈춘향가〉에 있는 이 노랫말을 봐.

> "바람도 쉬어 넘고, 구름도 쉬어 넘는
> 수지니 날지니 해동청 보라매 다 쉬어 넘는 동설령 고개라도"

이건 '갈까부다'의 일부분이야. 춘향이, 한양을 떠난 이 도령을 그리워하며 부른 노래로 유명해.

이제는 이 시조를 봐.

> "바람도 쉬어 넘는 고개 구름이라도 쉬어 넘는 고개
> 산진이 수진이 해동청 보라매라도 다 쉬어 넘는 높은 장성 고개
> 그 고개 넘어 님이 왔다 하면 나는 한 번도 안 쉬고 넘으리라."
> (지은이 알려져 있지 않음)

이것은 〈청구영언˚〉이라는 시조 책에 나와. 누가 봐도 〈춘향가〉의 노랫말은 이 시조에서 가져다 쓴 것처럼 보여.

실제로 판소리에서는 당시에 이미 있던 여러 작품에서 노랫말을 가져다 썼어. 〈춘향가〉를 예로 들어 보자. 시조에서 12편, 십이 가사˚에서 8편, 잡가˚에서 13편, 가면극에서 21편, 민요에서 20편, 무가˚에서 18편, 그리고 다른 판소리에서도 26편을 빌려 온 거야.

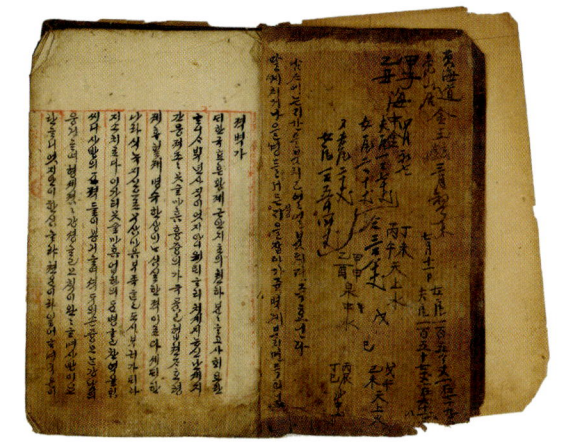

적벽가

판소리의 노래를 무가나 민요나 잡가에서 빌려 왔다는 것은 그간 널리 알려져 왔던 거야. 판소리가 평민의 삶에서 나온 예술이고, 민요, 잡가, 무가는 다 평민들의 노래거든. 그러니 자연스러운 일이지. 그래서일까? 판소리를 들어 보면 점잖지 않게 욕설 같은 표현도 자주 나와.

판소리에는 한자말을 섞어 제법 진지해 보이는 노랫말이 나오기도 하고, 유명한 한시의 한 구절이 나오기도 해. 양반의 문화였던 시조, 가사, 한시에서도 판소리의 노랫말을 빌려 왔기 때문이야. 이 때문에 판소리는 평민뿐만 아니라 양반이 즐기기에도 매력적인 예술이 되었을 거야. 아니면 모든 계층이 다 즐기게 하려다 보니, 일부러 그리 만든 건지도 몰라.

- **청구영언** | 조선 영조 때 김천택이라는 예술인이 고려 말부터 1728년까지 여러 시조를 모아 놓은 책.
- **십이 가사** | 조선 후기에 널리 불리던 대표적인 가사 12편. 가사는 고려 말에 생겨, 조선 초기에 자리 잡은 양반 사대부의 문학 중 하나.
- **잡가** | 조선 후기에 평민들이 지어 부르던 노래.
- **무가** | 무당의 노래.

　〈춘향가〉처럼 지금까지 전해 오는 판소리가 있는가 하면, 세월이 흐르면서 생명력을 잃어버린 판소리도 있어. 판소리가 한창이던 때 사람들은 열두 마당 판소리를 즐겼지. 그런데 이야기로만 남고 판소리는 사라진 것들이 있어. 〈옹고집타령〉, 〈배비장타령〉, 〈강릉매화전〉, 〈장끼타령〉, 〈왈자타령(무숙이타령)〉, 〈가짜신선타령(숙영낭자전)〉, 〈변강쇠타령〉 같은 게 그래.

　〈춘향가〉와 더불어 〈심청가〉, 〈수궁가〉, 〈적벽가〉, 〈흥보가〉 다섯 마당은 지금까지 살아남아 진정한 한국의 고전으로 판을 벌이고 있어.

소리판의 첫째, 고수

판소리를 보면 서서 노래하는 이와 조금 떨어져 앉아서 북을 치는 이가 있어. 북을 치는 이가 바로 '고수'야. 고수는 "얼쑤!" 같은 추임새를 넣기도 하지.

고수가 북을 치는 법은 사람마다 달라서, 완전히 개성적인 거야. 같은 사람이 해도 판을 벌일 때마다 새로운 것을 만들어 내. 북을 치는 세기와 횟수는 흥을 이끌어 내는 정도에 따라 매번 달라져.

같은 장단이라도 노래의 의미와 분위기에 따라 고수는 북을 세게 혹은 약하게 쳐. 같은 박자라 하더라도 북을 치지 않고 그냥 넘어가기도 해. 어떤 때는 잔 가락이라는 것을 더 넣어서 치는 횟수를 늘리기도 하지.

고수의 장단은 소리꾼이 소리하는 법과 소리의 뜻에 따라 조화롭게 맞추는 게 중요해. 그러니 소리꾼의 소리 장단, 내용은 물론 음질이며 순간적 변화 같은 여러 특징까지도 잘 알아야 하지.

무엇보다 중요한 것은 소리꾼과 마음을 나누는 거야. 그래야 맞장구를 치고, 간단한 말을 주고받기도 하며, 소리꾼을 격려하기도 하지. 어떤 경우에는 추임새로 이런 말을 하기도 해.

"물이나 한 모금 마시고 허지."

소리꾼의 상태를 보아 작은 변화도 알아차려 대응하고, 즉흥적인 말로 분위기를 이끌어 내려는 거야.

판소리 세계에서는 첫째가 고수, 둘째가 명창이라는 말을 흔하게 해. 소리꾼과 하나가 되어 판을 이루기 위해서는 고수의 역할이 얼마나 중요한지 알게 해 주는 말이야.

소리꾼과 북을 치고 추임새를 넣는 고수

강강술래는 여럿이 손을 잡고 즐기던 놀이야. 우리 조상들은 한가위 밝은 달빛 아래서 춤과 노래, 그리고 여러 가지 놀이를 즐기며 밤새도록 놀았어. 지금은 주로 여성들이 강강술래를 하지만, 옛날에는 여자, 남자, 아이들 누구나 참여하여 힘차고 활발하게 놀았지.

2천 년도 넘은 마한의 풍습에서 발견되었는데, 우리나라에 널리 퍼져 이제까지 전해 오는 만큼 생명력이 긴 놀이야. 강강술래는 일상에서 억눌리고 힘들었던 사람의 마음을 말캉하게 녹여 내는 치유의 역할도 했어.

보름달 아래서 손잡고
강강술래

윽신윽신 뛰어 보세

팔월 한가위, 해가 뉘엿뉘엿 저물 즈음이면, 옛날에는 온 동네가 들썩들썩했어.

"할머니, 밭에 들쥐 걱정 말고 달 맞으러 가요!"
"아주머니, 청어 엮을 걱정 말고 달 맞으러 가요!"
"꼬마야, 아버지 반찬 걱정 말고 달 맞으러 가자!"
"아가야, 엄마 잃어 서러워 말고 달 맞으러 가자!"

세상을 살다 보면 걱정거리 없는 사람이 거의 없어. 아이도 어른도 자기만의 걱정 보따리를 무겁게 달고 살지. 하지만 이날은 아니야. 다 내려놓고 즐겁게 노는 날이야.

19세기 강강술래 모습

팔월 한가위에 보름달을 맞이하는 건 우리 조상들의 오래된 전통이야. 요즘은 밤에도 불빛이 환해서 보름달이 떴는지조차 모를 때가 있어. 하지만 예전에는 보름달이 떠오르는 때를 기다려 달을 맞으러 나가곤 했지.

특히 크고 환한 정월 대보름과 팔월 한가위 보름달이 뜨는 날은 명절로 정해서 즐겼어. 밤이 되면 휘영청 밝은 달빛 아래서 강강술래를 하며 밤새워 놀았지.

넓은 마당이나 들판에 모여서 소리 좋은 이가 먼저 한 소절 노래를 해.

"달 떠온다 달 떠온다 동해 동천 달 떠온다."

그러면 사람들은 손에 손을 잡고, 둥그렇게 둘러서서 노랫소리에 맞춰 춤을 춰. 후렴구 '강강술래 강강술래'를 떼로 부르면서 말이야.

처음에 부르는 노래는 '긴강강술래'야. '긴강강'은 말에서 짐작할 수 있듯이 느리게 불러. 이어서 부르는 '중강강술래'는 조금 빨라지고, '자진강강술래'는 더 빨라져.

"뛰어 보세 뛰어 보세 으신으신 뛰어 보세. 강강술래 강강술래."

이건 빨리 부르는 '자진강강술래'야. '자진'은 '잦은'에서 변한 말이거든. 초저녁에 시작한 놀이는 밤새도록 이어져. 놀다가 지치는 사람은 무리에서 잠시 빠져나오기도 해. 미리 준비해 둔 음식을 먹으면서 쉴 수 있지. 먹고 마실 것은 넉넉히 준비해. 추수를 막 끝낸 때라 먹을 건 걱정 안 해도 돼. 먹고 마시고 기운을 차리면 또 무리로 들어가서 놀아.

강강술래를 놀기 시작한 것은 2천 년이 넘었다고 해. 중국 역사책 〈위서 동이전〉에는 마한의 이야기가 나와.

> "마한에서는 5월에 씨 뿌리기를 마치면 언제나 제사를 지내는데,
> 이때는 모든 사람들이 무리 지어 모여서 노래하고 춤추고, (중간 생략)
> 날을 이어 밤낮으로 쉬지 않는다.
> 춤은 수십 명이 함께 일어나서 서로 뒤따르며
> 높게 낮게 땅을 구르고,
> 손과 발이 어우러지게 춤추며, (중간 생략)
> 10월에 농사를 마쳤을 때도 역시 이와 같이 되풀이한다."

위의 글에서 '5월의 제사'는 단오로 보이고, '10월 농사를 마쳤을 때'는 팔월 한가위로 보여. '수십 명이 함께 일어나서 서로 뒤따르며, 높게 낮게 땅을 구르'는 건 바로 강강술래를 하는 것으로 해석할 수 있어. 강강술래는 이렇게 오래된 전통으로 지금까지 전해지는 거야.

강강술래는 위의 글에서처럼 단오에도 놀았고, 설과 대보름, 백중(음력 7월 15일) 같은 때에도 놀았어. 먼 옛날 우리나라 백성들은 참으로 흥이 넘치게 삶을 즐긴 것 같아.

 # 들쥐도 잡고 청어도 엮고

강강술래 노랫가락이 점점 빨라져서 숨이 가빠지면 쉬어 가는 시간이 필요해. 그러면 앞에서 소리를 메기는 설소리꾼은 느린 노래 〈남생아 놀아라〉를 부르지.

"남생아 놀아라, 촐래촐래가 잘 논다."

이 노래를 시작하면 노는 사람들은 발길을 늦춰. 그러면 놀이꾼 중에 춤을 잘 추는 사람 둘이 원 안으로 들어가 기꺼이 남생이가 되지. 남생이는 거북이나 자라와 비슷하게 생긴 흉내쟁이야.

남생이가 되면 촐래촐래 촐랭이처럼 신나게 놀아야 해. 촐래촐래는 까불거리며 노는 모습이야. 엉덩이춤도 추고, 막춤, 곱사춤 같은 재미있는 춤사위로 사람들을 웃게 만들어.

남생아 놀아라

고사리꺾기　　　　　　　　　　　청어엮기

우리나라 산에서 흔하게 볼 수 있는 고사리를 갖고 만든 놀이도 있어. '고사리꺾기'라는 놀이인데, 소용돌이처럼 말린 고사리 줄기를 흉내 내며 춤을 춰.

> "고사리 대사리 꺾자, 나무 대사리 꺾자.
> 유자 꽁꽁 재미나 넘자, 아장아장 벌이오.
> 꺾자 꺾자, 고사리 대사리 꺾자.
> 한라산 고사리 꺾어다가 우리 아버지 반찬 하세."

마지막 구절에서 반찬 걱정하는 자식의 마음이 드러나서 짠해.

해안가 사람들이 바다에서 잡은 청어를 말리는 게 놀이가 되기도 했어. 들판에서 곡식을 갉아먹는 쥔쥐(들쥐)를 잡는 놀이도 있고, 멍석을 펴고 마는 과정이 놀이인 것도 있어. 기와밟기, 문열기 놀이도 있지.

이렇게 일상생활이나 농사일을 놀이로 만든 게 많아. 힘겨운 일을 놀이로 즐겼을 뿐 아니라 때로는 농담과 익살로, 비유와 상징으로, 풍자와 해학으로 즐긴 거야. 그러면서 고단한 건 잊고 새로운 힘을 얻는 거지.

이순신 장군의 강강술래

이순신 장군은 1597년 울돌목에서 일본군과 싸울 때 강강술래 전술을 썼어. 일본 군사는 무척 많고, 우리 군사는 무척 적은 때였지. 적과 맞서기 벅찬 상황에서 이순신 장군은 주변의 아낙들에게 군복을 입게 했어. 그리고 수십 명씩 무리를 지어 강강술래를 하며 산봉우리를 돌게 했지. 멀리서 보면 군사들이 움직이는 것처럼 보였을 거야. 이쪽 편 군사가 얼마나 되는지 상대방이 제대로 판단하지 못하게 한 거야.

꼭 그 덕분이라고 할 수는 없지만 전쟁은 이겼어. 당시 유행하던 놀이를 가지고 전쟁의 전술로 활용하다니 얼마나 지혜로운 일이야.

남사당놀이는 남자들로 이루어진 놀이패의 민속놀이야. 이들은 전국을 떠돌며 놀이 공연을 해. 여섯 가지 종류의 놀이를 하는데, 음악은 주로 타악기를 써. 놀이를 하면서 사회에서 잘못된 점을 맵게 따지기도 해. 가난하고 힘없는 사람들에게 재미와 웃음을 안겨 주어 속을 시원하게 풀어 주려는 거야. 그사이에 공연하는 사람과 보는 사람은 자연스럽게 생각을 나누게 되지. 관객이 적극적으로 참여하여 놀이를 만들어 간다는 점에서 남사당놀이는 공연 이상의 가치 있는 놀이가 됐어.

최고의 기획 공연

남사당놀이

재미난 오락 시간

남사당패는 전국을 떠돌며 다니던 유랑극단이야. 남자 사오십 명의 무리인데, 남사당패가 뜨면 그 마을은 잔치 분위기가 됐어. 풍물놀이도 신 나지만 평소에 보기 힘든 인형극이며 줄타기 같은 볼거리가 많았거든. 입담 좋은 매호씨(어릿광대)와 재주꾼들이 벌이는 대화는 또 얼마나 재치 넘치는지 몰라. 눈물을 흘리며 웃다 보면 고된 일도 다 잊히는 듯하지.

남사당패가 마을에서 공연을 하려면 우선 허락을 구해야 해. 요즘으로 치면 놀이패의 기획을 맡아 보는 곰뱅이쇠가 맨 먼저 마을 최고 어른을 찾아 인사를 하지. 곰뱅이쇠가 외치기를,

"곰뱅이 텄다!"

이러면 공연을 해도 좋다는 허락이 난 거야.

남사당놀이는 풍물 연주로 시작해. 풍물잡이들이 마을의 골목을 누비면서 집집마다 마당을 돌아. 이때 덕담을 하는데, 이걸 '마당 씻는다'고 해. 놀이판이 벌어지니 같이 가자고 초대하면서 좋은 일을 해 주는 거야.

풍물놀이판

동네 사람들은 풍물패를 따라 긴 줄을 만들면서 길놀이를 해. 그러면 누가 공연하는 사람인지, 누가 관객인지 알 수 없을 정도로 하나가 돼. 그 사이에 다른 사람들은 넓은 마당을 놀이판으로 잡고 공연 준비를 해. 횃불을 올리고, 줄도 매달고, 인형극 무대도 만들지.

풍물패는 이제 본격적인 놀이판에서 놀이를 시작해. 여러 재주도 보이고, 묘기도 하지.

무등

"저 무등 타는 것 좀 보랑께. 어깨를 딛고 사람이 사람 위로 올라간당께!"

"저게 몇 층여? 삼 층여? 참말로 아슬아슬하당께!"

"상모 돌리는 거 봤나? 자기 키보다 몇 배나 긴 걸 저리도 잘 돌려부러."

상모의 소용돌이를 보면서 구경꾼들은 놀이판의 소용돌이에 완전히 빠져 버려. 풍물놀이판은 24판 정도로 노는데, 시간이 너무 늦거나 사람들의 분위기에 따라 짧게 줄이기도 해.

풍물놀이판 다음에는 버나를 시작으로 본격적인 남사당놀이 마당을 열어. 버나는 접시를 돌리는 거야. 접시, 대접 등 일상생활에서 쓰는 것들을 돌리지. 그냥 돌리는 게 아니고, 관객과 말을 주고 받아. 배꼽 빠지게 웃긴 말, 앓던 이 빼듯 속 시원한 말을 주고받으면 관객들 속이 뻥 뚫리지.

덧베기

　이제 땅재주를 부리는 살판이야. 앞으로 구르는 앞곤두, 뒤로 구르는 뒷곤두, 번개 같은 번개곤두 등 11가지 순서가 있어. 재주를 부리는 살판쇠(땅재주꾼)가 매호씨(어릿광대)와 재치 있는 말을 주거니 받거니 하면서 놀지. 잘하면 살판이고, 못하면 죽을 판이야.

　이어지는 마당은 줄을 타는 '어름'이야. 줄타기가 얼음 위를 걷는 것처럼 어렵다 하여 어름이란 이름이 붙었어. 줄타는 재주꾼은 외줄로 꼰 줄 위에서 춤을 추기도 하고, 노래도 불러. 밑에 있는 어릿광대와 재담을 나누며 아슬아슬하게 갖가지 재주를 부리는 거야.

　줄타기야 어느 나라에나 있어. 하지만 남사당놀이의 줄타기는 세상을 풍자하고 재담을 나누는 소통의 재미가 있지.

　다음은 탈춤 순서야. 탈을 덧쓰고 보는 극이라서 덧베기라고 불러. 사람은 얼굴을 가리면 좀 더 대담해지는데 덧베기에서도 그래. 춤을 추면서 세상을 비꼬는 풍자와 재치 있는 농담에 익살 가득한 연기가 더해지지. 마당씻이, 옴탈잡이, 샌님잡이, 먹중잡이 등이 나와서 웃음을 줘.

마지막 순서는 꼭두각시놀음이야. 인형의 목덜미를 쥐고 꼭두각시놀음을 하기 때문에 덜미라고도 불러. 공연에서 덜미를 맨 나중에 하는 이유는 무얼까? 남사당놀이에서 최고로 재미있기 때문이야. 덜미가 끝나면 사람들은 우레 같은 박수를 보내. "잘한다!" 소리도 치지.

남사당놀이는 보통 저녁에 시작하여 새벽까지 이어지는 여섯 마당으로 끝이나. 움직이는 극장이자 콘서트 장이며, 구경거리 가득한 무대야.

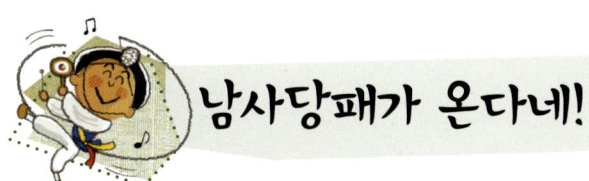

남사당패가 온다네!

남사당패의 우두머리는 꼭두쇠라고 불러. 남사당패는 남자들로 이루어진 모둠이니 꼭두쇠도 마땅히 남자여야지. 그런데 여자 꼭두쇠가 있었어. 그 이름은 '바우덕이'야. 어려서부터 기예와 재주를 배워 익히고, 신명 나게 공연을 이끈 걸로 유명해.

임진왜란으로 경복궁이 불에 탄 지 270년이 지난 때였어. 당시 고종의 아버지인 흥선대원군은 경복궁을 다시 짓기로 했어. 궁궐을 다시 짓는 것은 엄청난 돈과 일꾼이 필요한 일이었는데 대원군은 강하게 밀고 나갔어. 대공사다 보니 하루 이틀에 끝나는 것도 아니고, 일꾼들은 점점 지쳐 갔지.

"대체 이 공사는 언제까지 해야 하는 거여?"

"그러게나 말일세. 집 식구들 얼굴도 잊어먹게 생겼어."

공사장에 불만이 높아가자 흥선대원군은 지친 일꾼들을 위해 잔치를 베풀기로 했어.

"이보게들! 놀이패가 온다네! 남사당패가 온다네!"

전국에서 내로라하는 남사당패는 다 한양에 몰려 왔어. 그중에서 기막히게 공연을 잘하는 이가 있었는데 바우덕이였어. 바우덕이 명성은 벌써부터 자자했지만 빛을 본 것은 바로 이때야.

"바우덕이, 바우덕이!"

여기저기서 바우덕이를 외쳤어. 일꾼들의 사기가 단숨에 하늘을 찌를 듯이 올라갔지. 대원군은 바우덕이의 공에 크게 만족하여 상을 주었어.

"지친 일꾼들의 사기를 올리는 데 공을 세웠으니 바우덕이에게 옥관자를 내리노라."

관자는 망건을 쓸 때 줄을 꿰는 고리야. 당시에 옥으로 된 관자는 벼슬아치만 쓸 수 있는 거였어. 그것도 당상관 정3품 벼슬자리가 쓰는 거였지. 그런데 천민 출신의 남사당패 꼭두쇠가 옥관자를 받다니, 놀랄 만한 일이었지. 물론 바우덕이가 진짜 벼슬을 하지는 않았어.

옥관자를 받은 영광도 덧없게 바우덕이는 23살 젊은 나이에 세상을 떠나고 말아. 공연을 너무 무리하게 해서 그랬는지, 허파에 병이 생겨 다시는 일어나지 못했어. 바우덕이는 일찍 떠났지만 전설적인 이름은 오래 남아 사람들 입에 오르내리고 있어.

조선 시대 남사당이 시작된 경기도 안성에서는 바우덕이의 예술 정신을 이어서 발전시키기로 했어. 2001년부터 매년 가을이 되면 남사당 바우덕이 축제를 열지. 안성은 바우덕이가 남사당패를 이끌던 지역이거든. 남사당놀이는 공연 예술로 음악과 기예는 물론이고, 재치 넘치는 농담과 익살로 보는 이들과 소통하였기에 지금도 생생하게 전해지고 있어.

남사당패 사람들

- **우두머리** : 꼭두쇠 1명
- **기획자** : 곰뱅이쇠 2명(기획 곰뱅이쇠 1명, 밥 곰뱅이쇠 1명)
- **각 놀이 분야의 우두머리** : 뜬쇠 14명
  - 상공운님 : 상쇠로 꽹과리를 치면서 전체를 지휘하는 사람
  - 징수님 : 징을 치는 무리의 우두머리
  - 고장수님 : 장구 치는 무리의 우두머리
  - 북수님 : 북을 치는 무리의 우두머리
  - 회적수님 : 태평소와 땡각을 부는 무리의 우두머리
  - 벅구님 : 소고를 치는 무리의 우두머리
  - 상무동님 : 무동춤의 우두머리
  - 회덕님 : 선소리꾼의 우두머리
  - 버나쇠 : 대접돌리기의 우두머리
  - 얼른쇠 : 요술의 우두머리
  - 살판쇠 : 땅재주의 우두머리
  - 어름산이 : 줄타기의 우두머리
  - 덧베기쇠 : 탈놀이의 우두머리
  - 덜미쇠 : 꼭두각시놀음의 우두머리
- **각 분야의 수석 기능자**(연희 기능자) : 가열
- **놀이를 하지 못하여 은퇴한 자** : 저승패
- **악기나 인형 같은 짐을 지고 다니는 짐꾼** : 나귀쇠

가곡은 우리나라에만 있는 전통 노래야. 우리 조상들 중에서 상류층 사람들이 여유롭게 즐기던 세련된 음악 문화지. 가곡은 시조를 노랫말로 하고, 반주를 곁들여 노래를 했어. 노랫말 한 음, 한 음을 길게 늘여서 여러 박자에 걸쳐 부르기 때문에 노래가 무척이나 느려. 익숙하지는 않지만 듣다 보면 마음이 편안해지고 평화로운 기운이 감돌아.

선비들의 노래
가곡

양반들이 즐긴 노래

노래 없는 세상을 상상할 수 있을까? 노래를 하면 기쁨은 커지고 슬픔은 가시는데 말이야. 요즘 사람들은 물론이고, 수백, 수천 년 전에 살았던 사람들도 그랬을 거야.

옛날 우리나라 선비들은 어떤 노래를 즐겼을까? 조선 시대 사대부 집안 사람들이 즐긴 노래로 가곡이 있어. 가곡이라고 하면, 어떤 사람들은 '그리운 금강산'이나 '선구자' 같은 노래를 떠올리기도 해. 하지만 이들은 유럽의 서양 예술 가곡의 영향을 받아 생겨난 노래야. 여기서 말하는 가곡과는 달라.

인류무형문화유산을 말할 때 가곡은 한국에만 있는 고유한 음악이야. 우리나라의 시조를 노랫말로 하여 길고 긴 음률로 부르는 한국의 전통 성악이지.

가곡은 무척 느리게 불러. 노랫말이 약 45자인 시조 한 수를 노래하는 데 보통 4분이 넘거든. 10여 분이나 걸리는 것도 있어. 10분짜리 노래라면 한 글자에 13초 넘게 끄는 거야. 얼마나 느린지 하루 종일 이어지는 것만 같아. 그런데 이게 조선 시대 사대부나 선비들이 부르던 노래 중에서는 가장 빠른 노래야.

대금, 거문고 등의 악기 장단에 맞춰 부르는 가곡

사람들은 '만대엽', '중대엽', '삭대엽'이라는 노래를 가곡의 뿌리라고 여겨. 이들 노래에 관하여, 이익(조선 후기의 실학자)은 〈성호사설〉이라는 책에서 이렇게 말하고 있어.

"만대엽은 극히 느려서 사람들이 싫어하여 없어진 지 오래고, 중대엽은 조금 빠르나 역시 좋아하는 이가 적고, 지금 불리고 있는 것은 삭대엽이다."

이 글에서 '만대엽'은 느린 노래, '중대엽'은 보통 빠르기, '삭대엽'은 빠른 노래라는 걸 알 수 있어. 당시 빠르던 노래가 지금은 아주 느린 노래가 된 거지. '삭대엽'은 한글로 '자진한잎'이라고 풀이해. '자진'은 '잦다'에서 나온 '잦은'이 변한 거야. '자진모리' 장단의 자진과 같아. '한'은 '큰'이란 뜻이야. 그러니까 '삭대엽'은 '빠르게 부르는 큰 곡' 정도로 이해할 수 있어. 노래를 '잎사귀 엽'으로 표현한 게 시적이야.

이들 노래는 고려 시대의 노래에서 나왔다고 해. 그러니까 가곡의 역사는 근원을 따지자면 고려 시대까지 거슬러 올라가는 거야.

고려 시대 선조들이 가곡을 즐겼다는 증거로, 맹사성(고려 말~조선 초의 재상), 변계량(고려 말~조선 전기의 문신) 같은 학자들이 가곡의 노랫말을 남겼다는 거야. 그래서 사람들은 말하기를, 가곡이 천 년의 역사를 갖고 있다고 해.

가곡은 지금까지 모두 41곡이 전해 내려와. 남자 노래 26곡과 여자 노래 15곡이지. 처음부터 남자 노래, 여자 노래가 나뉜 건 아니야. 나누지 않고 함께 있다가 19세기에 여자 노래가 갈라져 나왔어.

여자가 부르는 여창은 섬세한 목소리에 선율이 곱고, 높은 음을 가성으로 불러. 남자가 부르는 남창은 우물에 울리는 소리처럼 울림이 깊고 강하며, 깊은 소리가 나.

가곡은 남창, 여창 모두 반주와 함께 즐겨. 대금, 피리, 해금, 거문고, 가야금의 선율과 장구의 장단이 함께 연주를 하지. 악기마다 들고 쉬고 나는 때가 정해져 있는데, 서로 조화를 이루며 소리와 가락을 돋보이게 해. 악기의 반주 덕분에 가곡은 더 품위 있는 문화 예술이 됐어.

가곡 부르기

'청산리 벽계수야'로 시작하는 시조를 노랫말로 하여 가곡을 부른다고 해 봐.

"처어~~~~~~~으~~어엉 사~~~~아~~~~~안 리이~~~~~~~~~~."

음의 길이를 대충 표시해 보면, 이렇게 길고 길게 늘이면서 불러. 이런 노래에서 가사를 알아듣기란 쉽지 않을 거야. 그러니까 가곡은 노랫말의 내용을 즐기기보다는 다양하고 아름다운 선율을 즐기는 노래지.

가곡의 노랫말인 시조는 3줄짜리 시야. 시조에서 글자의 수와 틀은 분명하게 정해져 있어. 한 줄에는 보통 15자 정도 들어가지. 가곡에서는 이 시조 한 편을 한 곡으로 부르는 거야.

가곡을 부르는 건 무척이나 어려워. 한 음을 일정하게 연속적으로 끌어내는가 하면, 한 음 위의 음을 급히 치면서 꾸며내기도 해. 뒤로 가면서 음을 차츰 높이며 소리를 떨기도 하고, 같은 높이의 음을 길게 흔들어 내

기도 하지. 음의 끝을 밀어 올리는 것도 있어. 가곡의 악보에는 소리를 내는 방법이 수십 가지나 나와.

여러 가지 방법을 연습하려면 시간과 노력이 많이 들어. 익히기에 길고 복잡하고 까다로워서 전문적인 연습을 해야만 부를 수가 있지.

가곡을 듣는 것은 어렵지 않아. 가곡은 독특하고 신비롭고 울림이 깊어 그 특별한 매력에 빠지게 되거든. 가곡을 들어 본 어린이들은 이렇게 말해.

"처음에는 너무 길어서 좀 지루하다고 느꼈어요."

"듣고 있으면 마음이 가라앉고 편안한 느낌이 들어요."

"무슨 도를 닦는 것 같은 기분이 들었어요."

이런 감상처럼 실제로 가곡을 즐기던 조상들은 풍류를 즐기기도 했지만 수양을 위해서 가곡을 하기도 했어.

가곡을 즐기는 예법은 마치 도를 닦는 것처럼 까다로워. 흥이 난다고 함부로 흥을 올리지 않아. 감정도 자유롭게 표현하면 안 돼. 마음을 잘 가라앉혀서 고요한 상태를 유지해야 하는 거야. 잔잔한 호수처럼 말이지. 장미나 모란처럼 화려한 멋을 부리지 말아야 해. 대신 난초나 매화의 은은한 향기처럼 흥을 속으로 간직해야 하는 거야.

이렇게 가곡에 수양의 철학을 담고 실천한 걸 알고 나면 조상들의 품위가 느껴져.

그 품위를 체험해 보는 방법이 있어. 눈을 감고 가곡을 들어 보는 거야. 욕심은 바람에 날려 보내고 정신이 맑아진다면, 옛날 학식 높고 교양 있는 조상님들처럼 가곡을 제대로 즐기는 거야.

또 하나의 느린 노래

가곡 말고 느린 노래가 또 있어.

목욕탕, 할아버지, 시조, 이 세 가지를 합치면 떠오르는 장면이지. 할아버지가 김 나는 따뜻한 물속에 앉아 몸을 담그고, 시조를 읊으시는 모습 말이야.

"청산~~~~~리~~~~~~~~~~."

그런데 이건 가곡은 아니야. 시조창이라고 불러. 시조를 읊는 노래라는 뜻이지.

가곡에는 반주가 있어야 하고, 10박자 장단으로 된 곡과 16박자 장단으로 된 곡이 구별되어 있어. 그에 비하여 시조창은 반주가 없어도 부를 수 있고, 5박자 장단과 8박자 장단을 섞어서 쓰지. 똑같은 시조를 노랫말로 하더라도 시조창보다 가곡을 더 느리게 부른다는 뜻이야.

역사적으로는 가곡이 먼저 있었고, 시조창은 나중에 나왔어.

줄타기는 공중에 매달린 줄 위에서 여러 가지 재주를 부리는 놀이야. 줄타기 광대는 높은 줄 위에서 걷고 노래하고 춤을 춰. 수십 가지 기이한 재주를 부리며, 바닥에 있는 어릿광대와 재미있는 이야기도 나누지. 보는 사람들은 위태로운 줄타기에서 긴장을 느끼면서도 해방감 같은 자유로움을 느껴 박수를 보내게 돼.

아슬아슬 재주도 좋아
줄타기

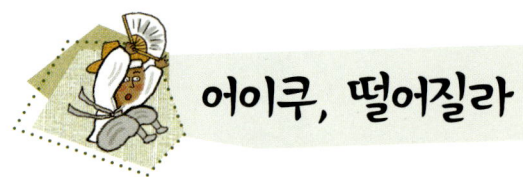
어이쿠, 떨어질라

밧줄을 높은 장대에 팽팽하게 매면 밧줄 위에 무엇을 올려 놓을 수 있을까? 밧줄은 둥그렇고 폭이 너무 좁아서 아무리 작은 것이라 해도 올려놓기 힘들어. 그런 줄 위에 사람이 올라간다는 건 얼핏 말이 안 되지?

그런데 줄 위에 사람이 올라가는 건 물론이고, 줄 위에서 걷고 앉고 뛰기도 하는걸. 책상다리도 하고, 재주도 넘지. 마치 편안한 땅바닥에서 하는 것처럼 말이야. 그뿐이야? 노래를 부르고 춤도 추고 이야기도 나눠. 이야기는 익살스럽고 재치가 있는 말놀이야. 이렇게 줄을 타고 노는 게 광대줄타기야.

줄 아래 땅바닥에서는 어릿광대가 줄타는 광대의 말을 받아 추임새를 넣지. 악단의 악사들은 광대의 놀음에 맞춰 반주를 해. 피리 둘에 대금, 해금, 장구, 북을 하나씩 갖춘 악단이야.

사실 구경꾼들은 줄타기 광대가 줄에 올라가면 간이 콩알만해져. 위험천만한 일이잖아.

"균형을 제대로 못 잡으면 눈 깜짝할 사이에 떨어질 텐데."

"줄타기 광대가 의지할 거라고는 밧줄과 쥘부채 하나밖에 없네 그려."

"저 부채가 도움이 되면 얼마나 될까? 그래도 의지할 데가 없으니 부채 바람이라도 부쳐야지."

이렇게 위험한 상황인데, 어째서 사람들은 줄타기를 '논다'고 말하는 걸까?

이유는 간단해. 광대가 줄 위에서 하는 동작이 땅 위에서 하는 것처럼 자연스럽게 보이거든. 재주를 넘을 때면 오히려 더 쉽고 편해 보이기까지

〈기산풍속도〉 속 광대줄타기

해. 광대는 위험한 걸 두려워하지 않는 것처럼 능청스러운 얼굴로 온갖 재주를 부려. 정말 노는 것 같아. 이런 줄타기를 보면서 사람들은 어떤 해방감이나 자유로움을 느끼지. 그러니 놀이라고 할 수밖에.

사실 줄타기는 세계 여러 나라에 있어. 그런데 한국의 줄타기가 다른 것은 이야기를 한다는 거야. 바닥에 있는 어릿광대와 재담을 나누거든. 구경꾼과도 이야기를 나눠. 풍자와 해학으로 농익은 이야기, 사람들이 듣고 싶어 하는 이야기, 함부로 꺼내기 어려운 이야기 같은 걸 아무렇지도 않게 해.

이야기 주제는 그때그때 달라. 모인 사람들이 어떤 사람들인가에 따라 관심이 다르니까. 줄타기 광대는 그 자리에서 즉흥적으로 주제를 찾고, 이야기를 만들어 내. 사람들은 생각의 빈 곳을 찔리고, 웃음을 터뜨리지. 속에 막혔던 곳이 있다면 후련하게 뚫리기도 해.

그러니까 줄타기는 줄에서 떨어질 위험과 자유자재로 나누는 말의 위험을 함께 갖고 있어. 이런 위험이야말로 줄타기의 진짜 맛이라고 할 수 있지.

어떤 재주를 부릴까?

줄타기 놀이 종류는 사십 가지가 넘어. 줄타기만 가지고 서너 시간을 놀 정도니까. 줄타기 묘기는 잔재비나 잔노릇이라고 불러. 여기서 잔노릇을 몇 가지 살펴보면 이런 거야.

처음에는 가볍게 걸어. 한 발로 줄을 딛고 섰다가 무릎을 굽히면서 다른 발을 줄 밑으로 내렸다가 튀어 일어서는 거야. 이걸 양쪽 발 교대로 하지. 그러면 자연스럽게 걷는 것처럼 보여. 일어설 때 내려뜨렸던 다리를 앞으로 높이 차는 잔노릇도 있어. 광대 자신의 코를 차는 것 같아서 이름이 '코차기'야.

분위기가 익을수록 잔노릇은 점점 더 어려워져. 정말 아찔한 잔노릇이 나오면 보는 사람 가슴이 철렁해. 이런 놀이를 하면서 새타령 같은 타령조의 노래도 불러. 노래와 더불어 사십여 가지 잔노릇이 끝나면 줄타기가 다 끝난 걸까?

아니야. 이제부터 진짜 어려운 '살판'이 벌어져. 살판은 줄을 타고 앉았다가 줄을 튕기며 공중에 솟아올라 한 바퀴 돌고 반대 방향으로 앉는 거야.

이건 너무나 어렵기 때문에 수련이 덜 되었다면 엄두도 못 내. 보는 사람도 숨조차 쉬기 힘들어. 그래서 살판을 벌일 때는 한바탕 재담을 늘어놓지. 마치 긴장을 풀려는 것 같아.

"잘하면 살판이오, 잘못하면 죽을 판!"

이렇게 외치고 줄타기 광대가 공중에서 하늘로 날아오르면 은하수에 닿는 것 같다고 감탄하는 사람도 있었어.

역사 속의 줄타기

줄타기가 우리나라에서 언제부터 있었는지 정확히는 알 수 없어. 하지만 고구려 고분 벽화에 노래하고 춤추는 연희가 나와. 신라 때 팔관회˙에도 그런 연희가 있어. 줄타기를 연구하는 사람들은 연희에 줄타기가 있었을 것으로 짐작해.

고려 말 학자, 이색이 읊은 시에는 더 구체적으로 나와.

"나아갔다 물러났다 가볍고 빠르기가 바람결의 반딧불 같네."

여기에 줄타기라는 말은 없지만, 사람들은 이게 줄타기를 표현한 거라고 생각하고 있어.

조선 성종 때의 학자, 성현은 '줄'이라는 말을 분명하게 썼어.

˙ **팔관회** | 통일 신라~고려 시대에 나라와 왕실의 안녕을 빌며 토속신에게 제사를 지내고, 놀이를 하던 문화.

일제 강점기 때 줄타기

"날아가는 제비와 같이 가볍게 줄 위에서 돌아가네."

조선 시대 문인, 이익은 〈성호사설〉이라는 책에서 이렇게 말했어.

"재주가 더욱 교묘해져서 둘이 마주 서서 춤을 출 뿐만 아니라, 더러는 능란하게 몸을 부딪치며 재주를 넘고 손으로 해금을 퉁기는 등, 흔들거리고 기울어지기까지 하면서도 능력이 뛰어나 아래로 떨어지지 않으니 교묘한 재주들이다."

이건 줄을 쌍으로 매달고 줄타기 광대 둘이 펼치는 놀이처럼 보여. 이들 모두 나라의 잔치에 나온 줄타기 광대의 모습을 그린 거야.

그런데 줄타기를 나라 잔치에서만 한 건 아니야. 조선 후기의 학자, 정약용의 시에는 군대에서 무예를 익히는 방법으로 줄타기를 했다는 기록도 있어.

"기마전을 잘하는 건 말 잘 몰기에 있으니
말과 한 몸 되어야만 유능한 기사고말고
세상에는 익히면 못 이룰 것이 없나니
장대놀이, 줄타기 모두 잘만 한다네."

시장에서도 줄타기를 볼 수 있었던 것 같아. 조선 후기의 실학자, 박제가가 쓴 시를 봐.

"사고팔기가 끝나고 연희 펼치기를 청하니
(중간 생략)
줄을 걷기도 하고 공중에 거꾸로 매달린 것이 거미와 같네."

연희를 청했다는 것은 줄타기가 포함된 여러 놀이를 하는 공연을 요청했다는 거야. '멋진 줄타기 공연을 할 것이니 많이들 와서 물건도 사고 구경도 하라'고 광고한 것 같아.

줄타기는 이렇게 여러 분야에서 다양하게 활용했다는 걸 역사적인 기록으로 알 수 있어.

남사당놀이 VS 줄타기

줄타기는 남사당놀이에도 있어. 여섯 마당 놀이 중에 한 마당을 차지하는 놀이야. 사실은 남사당 놀이에 나오는 줄타기는 따로 '어름줄타기'라고 불러. '어름'을 빼고 '줄타기'라고 부르면 그건 광대줄타기를 말하는 거야. 광대줄타기가 하는 공연을 '판줄'이라고 해. 놀이판에서 벌이는 줄타기라는 뜻이지.

광대줄타기가 나라의 행사나 양반의 모임, 시장 등에서 판줄을 했다면, 어름줄타기는 주로 억눌려 사는 사람들, 고되고 지친 사람들, 하층 사람들 앞에서 공연을 했어. 그러니 줄을 탄다는 꼴만 보면 비슷하지만, 어름줄타기와 광대줄타기는 서로 구별을 해.

이 둘은 마주한 구경꾼이 다르고, 어릿광대와 주고받는 재담의 내용이 다르고, 놀이의 구성도 달라. 그래서 광대줄타기는 남사당놀이와는 다른 또 하나의 독립된 문화야.

남사당놀이 줄타기

어릿광대와 줄타는 광대

〈아리랑〉은 한국의 대표 민요야. 한국에서 가장 널리 불린 노래지. 오랜 세월 동안 〈아리랑〉은 서민들이 느끼는 기쁨과 슬픔을 담아 왔어. 개인적인 어려움은 물론이고, 국가적인 어려움과 열망도 〈아리랑〉으로 표현했지. 〈아리랑〉은 끈질긴 생명력으로 이어져 내려왔고, 지금도 살아 숨 쉬는 문화유산이야.

세상살이 고개 넘기
아리랑

로큰롤

아리랑 변신

〈아리랑〉의 변신

　〈아리랑〉은 한국 사람들이 끈끈한 정을 확인할 때 즐겨 부르는 특별한 노래야. 한국은 남과 북이 휴전 상태로 있는데도 2000년 시드니 올림픽에 공동 입장하면서 〈아리랑〉을 함께 불렀어. 〈아리랑〉을 함께 부르며 이념을 뛰어넘어 서로 연결되어 있다는 공통된 느낌을 받았지.

　2002년 월드컵 때도 한국은 〈아리랑〉을 응원가로 불렀어. 당시 응원단이던 붉은 악마는 〈아리랑〉을 매일 불렀지. 이와 같이 한국 사람들은 중요한 순간에 〈아리랑〉을 부르며 서로 뭉치려는 특성이 있어.

　〈아리랑〉은 누가, 언제 만들었는지도 모르는 채 사람들의 입에서 입으로 전해 내려왔어. 그러니까 수많은 사람들의 힘으로 만들어 낸 작품이라고 할 수 있지. 사람들이 살아 온 모습이 〈아리랑〉에 잘 담겨 있는 이유야.

　〈아리랑〉은 함께 부를 때 사람들 가슴이 뭉클해지고 하나가 되는 느낌을 받아. 함께 느끼는 게 있기 때문이야.

〈아리랑〉을 부르는 북한 공연단

〈아리랑〉 영화 포스터

〈아리랑〉은 즉흥적으로 다른 형식으로 바꾸어 부를 수 있어. 다른 장르의 노래로 쉽게 편곡도 할 수 있지.

발라드? 로큰롤? 힙합?

〈아리랑〉의 변신은 다 가능해. 심지어 관현악곡 장르로도 바뀔 수 있어. 여러 장르의 음악으로 변신하는 것은 물론이고, 누구나 새로운 가사도 지어 부를 수 있지.

그 덕분에 〈아리랑〉은 지역에 따라, 세월의 흐름에 따라, 음악의 장르에 따라 무척이나 다양해. 앞으로도 계속 풍부해질 수 있어.

한국에서 가장 유명한 〈아리랑〉은 강원도의 〈정선 아리랑〉, 전라남도의 〈진도 아리랑〉, 경상남도의 〈밀양 아리랑〉이야. 노래마다 지역의 색다른 개성을 갖고 있으면서도 공통 정서도 갖고 있어.

노래가 아닌 다른 분야에서도 가져다 쓰기도 해. 영화, 뮤지컬, 드라마, 춤, 문학 등 다양한 예술 장르에서 〈아리랑〉을 쓰지. 주제로 쓰기도 하고, 소재로도 써.

이것은 사람이 두루 느끼는 여러 가지 감정을 〈아리랑〉이 갖고 있다는 증거야. 사람들의 공통적인 정서를 표현할 수 있는 〈아리랑〉은 한국인의 비공식적인 국가라고까지 불리고 있어.

〈아리랑〉, 수많은 이야기

〈강원도 아리랑〉 앨범

"**아리랑** 아리랑 아라리요, 아리랑 고개를 넘어간다. 나를 버리고 가시는 님은 십 리도 못 가서 발병 난다." 〈아리랑〉 노래의 가사를 보면 윗줄에 반복되는 노랫말이 나오고, 아랫줄에는 이야기가 나와. 이 가사는 사랑하는 사람과 이별을 하고, 떠난 애인을 원망하는 것 같아. 그런데 이야기 부분은 자유롭게 바꿀 수 있어. 이 이야기 대신 다른 여러 가지 이야기를 담아 낼 수 있지.

사랑하는 사람들 이야기, 어렵게 시집살이하는 며느리 이야기, 외적에 맞서 싸우는 사람들 이야기, 이런 건 자주 나오는 주제야. 사람들이 세상을 살아가면서 느끼는 여러 가지 기쁨과 슬픔, 즐거움과 노여움 모두 〈아리랑〉 노랫말에 담기지.

'아리랑'이라는 제목으로 전해 내려오는 노래는 60여 종류나 돼. 곡의 수로는 3600여 곡이나 된다고 해. 이토록 많은 곡을 만들어 낼 수 있는 것은 〈아리랑〉이 열린 노래이기 때문이야. 가사나 멜로디를 바꾸는 게 얼마든지 가능하거든. 누구나 새롭게 바꿀 수 있게 창의성을 열어 두었어.

〈아리랑〉은 시대를 넘어선 노래이기도 해. 전통 음악이라는 틀을 넘어 현대적인 노래에도 자유롭게 들어가. 옛것은 케케묵었다고 여기는 젊은이도 멋지게 편곡한 〈아리랑〉 음악을 들으면 열정적으로 좋아해.

이처럼 〈아리랑〉은 아직도 살아 움직이는 생명체 같아. 열린 노래로 다양하게 바꿔 연주를 할 수 있고, 여러 문화에 녹아 들어 한국인의 문화에 큰 영향을 끼치지.

〈아리랑〉은 신민요? 고려가요?

〈아리랑〉은 1860년대 생겨난 음악이라고 보는 사람들이 많아. 당시에 타령조의 노래가 유행했는데, 〈아리랑〉이라는 타령이 새롭게 후렴으로 붙은 신민요라는 거야.

다르게 보는 이들도 있어. 고려가 망하고 조선이 세워진 즈음에 생겨난 노래로 보는 거야. 이들은 고려 사람들의 슬픔이 〈아리랑〉에 담겨 있다고 여겨.

처음에 〈아리랑〉의 노랫말을 어떤 뜻으로 붙였는지 정확히는 알 수 없어. 중요한 건 노랫말이 부르기에 편하고, 멜로디가 친숙하여 지금까지 전해 내려왔다는 거야.

여러 재료가 섞여 잘 익은 김치는 유산균이 풍부하여 맛과 영양 모두 훌륭해. 소박하건 화려하건 한국인의 밥상에서 중요한 반찬이야.
김장을 담그는 한국의 문화는 독특하게 전해 내려와. 가족, 친척이나 두레처럼 이웃이 함께 모여 김장을 하는 거야. 김장을 하고 나서 김장 김치를 나누어 먹는 것도 소중한 문화로 남아 있어.

김치를 담그고 나누는 문화
김장

김장 인사

겨울이 성큼 다가와 아이들이 첫눈을 기다릴 즈음, 어른들은 김장 인사를 해.

"김장하셨어요?"

"올 여름, 유난히 더워서 고춧가루가 맵지요?"

"올해는 배추가 달고 맛있어요."

김장이 얼마나 중요하면 한철의 인사로 나눌까?

김장은 긴 겨울을 나려고 한꺼번에 많이 담그는 김치야. 소금에 절인 배추를 여러 가지 양념에 버무려 담그지. 겨우내 먹을 김장을 하는 건 가정에서 큰일이야. 김장 김치를 담아 차곡차곡 쌓으면 살림하는 어른들은 뿌듯하고 부자가 된 것 같아.

김장 담그는 날엔 아이들도 신이 나. 사람이 북적이고, 맛있는 음식이 있는 게 꼭 잔칫날 같거든.

김장은 절기로 보면 보통 소설(보통 11월 22~23일) 즈음에 해. 소설은 24절기 중에서 스무 번째 절기인데, 이 시기에 첫눈이 내릴 때가 많아. 이때 사람들은 가족끼리, 또는 이웃사촌끼리 서로서로 모여 김장을 해. 겨울을 준비하는 거야.

소설 즈음에 김장을 하는 것은 이때 하는 김장이 가장 맛있게 익기 때문이야. 왜 그럴까?

이때 날씨를 보면, 온도가 보통 섭씨 4도 밑으로 내려가. 나중에 김치 과학자들이 밝혀낸 사실은, 김치가 익기에 최고로 좋은 온도가 바로 섭씨 0도에서 4도라는 거야. 김치 냉장고의 온도도 0도에서 4도로 맞춰. 그러니까 전통적으로 김장 김치를 담그던 때가 김치를 익게 하는 발효 미생물, 유산균이 활동하기 좋은 때인 거야.

　김장은 두고두고 먹는 김치지만, 김장하는 날에만 먹을 수 있는 김치가 있어. 양념을 갓 버무린 배추 고갱이김치야. 고소하면서 달큰한 그 맛을 아는 사람은 다 알아. 그 맛을 보려고 아기 참새처럼 입을 벌리고 기다려 본 친구도 있을 거야.

　매워서 물을 벌컥벌컥 마시기도 하고, 물에 씻어 먹기도 했을 테지. 그러면서도 또 입을 벌리게 하는 그 맛은 생각만 해도 침이 고여. 삶은 돼지고기나 생굴을 싸서 먹어도 일품이야. 이렇게 어른, 아이 할 것 없이 때로는 온 가족, 때로는 온 마을이 함께 김장을 담그는 데 참여했어.

　김장 김치는 함께 담근 사람들끼리도 나누어 먹어. 그뿐만 아니라 김장을 담그기에 형편이 어려운 사람들과 나누어 먹는 것도 전통으로 내려와. 두레처럼 서로 도우며 나누어 먹는 아름다운 문화가 바로 김장 문화야.

김치의 역사

　우리나라에서 언제부터 김치를 먹었는지 따져 본 사람들은 삼국 시대 이전인 상고 시대부터라고 말해. 여러 기록이 있는데, 일본 동대사라는 절에서 소장하고 있는 〈신라촌락문서〉에 나오는 걸로 보아, 삼국 시대 이전부터 김치를 담가 먹었던 것으로 짐작하는 거야.

　12세기에 쓴 〈동국이상국집〉이라는 책에는 채소를 소금으로 절이고 발효시키는 것을 묘사한 시가 나와. 오이, 가지, 순무, 파, 아욱, 박을 읊은 시야.

> "순무를 장에 담그면 순무 장아찌로,
> 여름 세 달 동안 먹기에 마땅하네.
> 소금에 절이면 겨울에 능히 견딜 수 있다네.
> 김치는 유용하고 훌륭한 저장 식품이라네."

　지금처럼 고춧가루를 넣어 빨갛게 만드는 김치는 17세기, 붉은 고추가 한국에 들어온 뒤에 만든 김치로 보여.

　이런 기록들로 보아 김장 문화는 오랜 역사를 지닌 유산임을 알 수 있어.

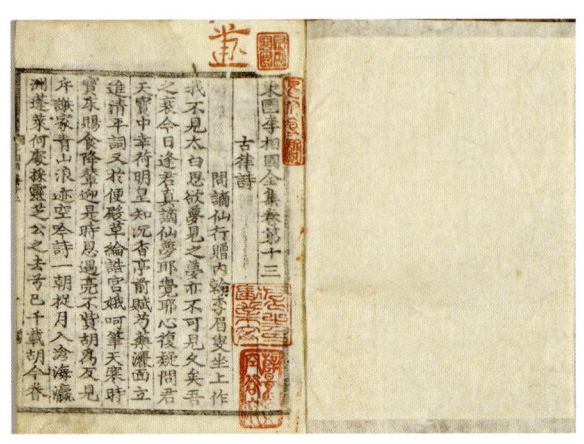
동국이상국집

김치의 다른 이름

역사적으로 김치에는 여러 가지 이름이 있어.

염지, 짠지, 싱건지, 오이지, 솔지, 정구지, 장지(장아찌) 등의 말에 나오는 '지'는 김치를 뜻하는 걸로 보여. 지는 '적시다', '물에 담그다'란 뜻이야. 고려 말에는 '지'를 '저'로 불렀어. 그런데 1525년 〈훈몽자회〉에 저를 '딤채 저'라고 말하는 내용이 나와.

딤채는 소금에 절인 채소에다가 마늘 같은 몇 가지 양념 재료를 섞어서 채소의 물기가 빠져나오고 채소 자체는 소금물에 적시는 형태야. 그런데 동치미처럼 소금의 양이 많으면 가라앉는 김치는 '침채'라 불렀어. 즉, 가라앉는 채소란 뜻이지. '침채'가 변하여 '팀채'가 되고, '팀채'가 변하여 '딤채'로, 다시 '딤채'가 '김채'로, '김채'가 마침내 '김치'로 변한 거야.

맛있는 배추는 따로 있다

배추는 낮에는 광합성을 해. 햇빛 에너지를 받아 엽록소가 화학 에너지를 만들지. 이때 공기 중에 있는 이산화탄소를 써서 포도당을 만드는 거야. 밤에는 낮에 만든 포도당을 써.

낮에 온도가 높고, 볕이 많으면 포도당을 많이 만들 수 있어. 그런데 밤에 기온이 낮으면 활동이 떨어져서 포도당을 조금밖에 쓰지 못해. 포도당을 많이 만들고 적게 쓰니, 결국 배추에 포도당이 많이 남아 있게 되는 거야. 즉, 낮과 밤의 온도 차이가 크면 달고 맛있는 배추를 기대할 수 있어.

김치의 종류

〈세종실록〉에 보면 김치의 종류에 대해 나오는 데가 있어. 묏자리를 뜰 때 지내는 제사에 대한 설명 중, 음식 설명으로 이런 게 나와.

"첫 줄은 달래 김치를 앞에 놓고, 젓갈을 다음에 놓으며,
둘째 줄은 무김치를 앞에 놓고, 사슴젓과 미나리김치를 다음에 놓으며,
셋째 줄은 토기젓을 앞에 놓고, 죽순김치와 생선젓을 다음에 놓는다."

이처럼 여러 재료로 김치를 만들었어. 지역마다 종류도 다양해.

- 서울 : 배추김치, 보쌈김치, 숙깍두기, 장김치, 감동젓무김치, 나박김치, 오이김치, 석류김치, 섞박지, 고춧잎깍두기 등
- 경기도 : 씨도리김치, 꿩김치, 순무김치, 고구마줄기김치, 용인오이지, 백김치, 장김치, 총각김치, 미나리김치, 오이소박이, 오이물김치 등
- 강원도 : 해물김치, 오징어김치, 콩나물김치, 산갓김치, 창란젓깍두기, 서거리김치, 해초김치, 더덕김치 등
- 충청도 : 나박김치, 호박김치, 가지김치, 열무물김치, 돌나물김치, 시금치김치, 호박김치, 굴깍두기, 공주깍두기 등
- 경상도 : 우엉김치, 부추김치, 고추김치, 가지김치, 고들빼기김치, 미나리김치, 무말랭이김치, 통대구소박이, 모젓깍두기, 박김치, 콩잎쌈김치, 더덕지, 방울김치, 콩잎김치, 곤지김치, 고구마줄기김치, 들깻잎김치 등
- 전라도 : 나주동치미, 갓김치, 고들빼기김치, 깻잎김치, 어리김치, 가지김치, 파래김치, 콩나물김치, 우엉김치 등
- 제주도 : 톳김치, 청각김치, 유채나물김치, 당근김치, 전복김치, 귤물김치, 꽃대김치, 갓물김치 등

농악은 농민들이 즐기던 공연으로 오래전부터 이어져 내려왔어. 고유한 춤과 연극, 기예 등, 다른 활동과도 잘 어우러졌지. 농악대는 여러 종류의 타악기와 관악기를 연주하며 마을 곳곳을 행진하며 마을 사람들과 하나가 돼. 힘든 농사일의 고단함을 떨치고, 다 같이 춤추고 노래하며 즐기는 거야. 그러면서 이웃과 끈끈한 정을 나누었지. 오랜 세월, 마을이 조화롭게 어울리고 뭉치는 데 농악은 중요한 역할을 했어.

풍년을 빌어 보세

농악

農者天下之大本

어깨가 들썩

'농악'은 농사와 관련된 풍류야.

오래전부터 농부들은 땅을 일구고 씨앗을 뿌리고 나면 이렇게 하늘에 제사를 지냈어.

'농사가 잘되게 해 주세요!'

농사를 짓는 농부라면 누구나 바라는 일이지. 곡식이 무르익어 추수를 하고 난 뒤에도 하늘에 감사의 제사를 지냈어.

"풍년 들게 해 주셔서 감사합니다!"

풍년을 기원하고, 풍년에 감사하는 제사에서 농악의 장단은 흥을 돋웠을 거야. 농악대는 한바탕 마을을 누벼. 꽹과리가 앞서면 뒤를 이어 징, 장구, 소고, 태평소, 나발 등, 농악대 일행이 따르지.

農者天下之大本

임실필봉농악

　벼농사를 많이 지은 남쪽 지방에 농악이 많이 발달한 걸 보면, 농악이 농사와 관련이 있다는 게 분명해져. 중부로 갈수록 농악이 듬성듬성해져서 북쪽 지방에선 거의 나타나지 않거든.

　농악은 곳에 따라 하는 방식과 뜻이 조금씩 달랐어.

　어떤 곳에서는 기원을 담은 굿의 모습으로 나타나. "우리 식구 아프지 않게 해 주세요." 이런 식으로 말이야.

　어떤 곳에서는 서로 힘을 모아 함께 일하는 두레굿 모습이지. 함께 일하면 힘이 덜 드니까 협동하는 거야. 일도 함께하고, 즐기는 것도 함께하는 거지.

　어떤 곳에서는 참여하는 사람들을 즐겁게 해 주는 놀이 농악(유희의 농악, 판굿)을 했어. 놀이 농악이 발달한 곳에서는 농악을 구경하고 그 대가로 돈이나 곡식을 냈지. 그걸 모아 마을 행사를 할 때 쓰는 거야. 예를 들

주요 농악 분포도

어 마을에 다리를 놓는 것 같은 큰일에 쓰지. 지금 남아 있는 농악은 굿의 모습은 사라지고 놀이의 모습이 많이 남았어.

농악이 보통의 공연과 다른 점은 정해진 무대 한 자리에서 하는 게 아니라는 거야. 마을 곳곳을 누비고 다니거든. 그것도 길놀이를 하는 춤을 추면서 말이지. 그러면 보는 사람, 따라가는 사람 모두 어깨가 들썩거려. 마을 전체가 금세 춤판이 되고, 신명으로 가득해.

이렇게 마을 사람들은 농악을 중심으로 뭉칠 수 있었어. 농악 덕분에 어려운 일도 웃으며 풀어내고, 조화롭게 살아갈 수 있었지.

 라이브 공연과 함께하는 일상

모든 세시풍속에는 대개 농악이 등장했어. 사람이 모이는 일이나 잔치가 있다 하면 농악은 빠짐없이 나오지. 그래서 지금까지도 사람들은 농악을 친숙하게 여겨.

아주 오래전부터 있던 농악이 지금까지 이어 내려온 것은 많은 사람들이 즐겼기 때문일 거야. 농악에서 꽹과리나 북, 징은 혼자서는 음악을 이루기 어려워. 그런데 소고, 장구, 태평소, 나발 등 다른 악기와 어우러지면 무척 신명 나는 음악을 만들어 내.

농악을 하는 사람들은 음악을 연주하는 것은 물론이고, 줄을 서서 뛰어다니기도 해. 이때 춤추는 법에 따라 방울 모양, '을(乙)' 자 모양, '뱀 사(巳)' 자를 길게 늘인 모양 등, 다양한 모양으로 움직이며 춤을 추며 놀아.

징, 장구 등을 연주하며 상모를 돌리는 농악대

어떤 재주꾼들은 개인적인 재주를 뽐내기도 해. 긴 줄이 달린 모자, 상모를 빙글빙글 돌리는 묘기를 부리기도 하지. 어깨를 딛고 사람 위에 사람이 올라 서는 무동놀이 같은 기예도 보여 줘. 2층, 3층 올라가면 사람들은 탄성을 질러. 가슴을 졸이다가 무동이 빙글 돌며 안전하게 땅에 발을 딛는 순간 박수를 터뜨리지.

옛날에 농사를 짓던 사람들은 농악과 함께 일 년을 보냈어. 정월 대보름이면 줄다리기나 차전놀이, 돌팔매싸움(석전) 등의 여러 기원 행사를 농악과 함께했어. 오월이면 단오놀이, 여름에는 모심기, 김매기, 백중놀이를 농악과 함께했지. 팔월이면 한가위, 섣달이면 매귀굿을 또 농악과 함께한 거야. 이 모든 일에 농악이 들어갔으니, 농악과 함께 살았다고 해도 틀린 말이 아니야.

지금은 농사를 짓는 사람도 많이 줄었고, 농악도 일상에서는 자주 만나지 못해. 하지만 전통문화를 지키는 사람들이 있어서 공연의 모습으로 만날 수 있어.

농악의 여러 이름

농악은 여러 가지 이름으로 불려. '풍물', '기물', '굿물'이라고도 해. 농악에 쓰는 악기를 그리 불렀기 때문이야. '두레'로 부르기도 해. 이것은 두레굿의 성격이 있기 때문에 내려온 이름이야. 경상도에서는 농악을 '매구', '매구친다'고도 해. 마을의 수호신을 '골매기'라고 하는 데서 나온 것 같아. 농악을 '굿', '지신밟기', '마당밟기'라고도 불러. 농악을 마을굿이나 판굿(유희굿)으로 보았으니 그런 이름이 남아 있는 거야.

줄다리기는 마을의 농사가 풍성하게 잘되기를 바라면서 하는 놀이야. 놀이를 하다 보면 사람들은 마음이 하나로 뭉치는 단단한 힘을 느끼지. 편을 나누어 놀이를 하는데, 이기고 지는 결과를 갖고 한 해의 운을 점치기도 해.

1960년대만 해도 농촌에서는 새해에 아이들이 작은 줄을 꼬아 며칠 놀면서 줄다리기를 시작했어. 점차 마을 사람 모두가 참여하고, 한바탕 놀이마당이 벌어지는 거야.

영차영차 힘을 모아

줄다리기

하나 되는 놀이

"영차! 영차!"

운동회 날이 되면 마지막 순서로 줄다리기를 하는 경우가 있어. 수많은 사람들이 굵고 긴 줄에 매달려 온 힘을 모으지. 줄다리기 시합을 하고 나면 평소에 잘 모르던 사람들은 더 친해지고, 친하던 사람들은 더 끈끈한 정을 나눌 수 있어.

줄다리기는 오랜 역사를 갖고 있어. 농사를 짓던 삼한 시대에도 했다는 기록이 있지. 벼가 다 익으면 벼에서 볍씨를 떨어내고 짚이 남아. 그 짚을 꼬아 새끼줄을 만들어서 줄다리기의 줄로 썼어. 칡을 꼬아 줄을 만들기도 했지.

줄을 만드는 데는 시간과 품이 많이 들어. 줄의 지름이 1미터나 될 정도로 두껍고, 길이는 100미터나 되거든. 이런 줄이 보통 두 줄 필요해. 한 줄은 암줄이고, 한 줄은 수줄이야. 새끼줄은 꼰 모양에 따라 암수를 구분하지.

줄다리기 줄   1935년 우리나라 줄다리기 모습

그런데 줄이 두꺼우면 손으로 잡고 당길 수가 없어. 그래서 몸통이 되는 몸줄에 작은 줄을 매어 손으로 잡을 수 있게 해. 이런 줄을 지네발이라고 불러. 모양이 꼭 지네 발처럼 생겼거든. 지네발은 따로 젓줄, 곁줄, 벗줄이라고도 해.

모든 준비를 마치면 마침내 두 편으로 나누어 줄을 당기는 순간이야. 이때가 되면 마을 사람들은 한껏 흥이 올라. 흥을 돋우는 데는 농악대도 한몫하지. 농악대가 갖가지 악기로 신명을 풀어내거든.

1900년 프랑스 올림픽 줄다리기   일본 나하시 줄다리기 축제

　줄다리기는 보통 음력으로 정월에 해. 설날에 시작하여 2, 3주 계속해서 대보름까지 이어 가. 우리나라에서는 주로 한강 남쪽 지방에서 했어. 벼농사를 짓는 사람들이 하는 놀이였으니까.

　유네스코는 줄다리기를 우리나라와 일본, 필리핀, 공동의 인류무형문화유산으로 정했어. 이들 나라에서도 농사를 지었고, 예부터 줄다리기가 이어져 내려왔거든.

　줄다리기는 마을의 협동과 별도로, 국제 스포츠 대회에서 하기도 했어. 1908년 런던 올림픽 대회에서는 정규 프로그램이 아닌 여흥으로 줄다리기를 했지. 올림픽에 참여한 사람들의 마음이 줄다리기를 하면서 하나가 되기를 바란 거야.

 줄 나간다

　우리나라 사람들은 줄다리기의 줄을 용으로 생각했어. 그래서 줄을 다

만들고 나면 길놀이를 하면서 용이 하늘로 올라가는 용트림을 흉내 냈지.

시합을 벌이기 위해서 암줄과 수줄을 서로 가까이 옮길 때 사람들은 이렇게 말해.

"줄 나간다!"

두 줄을 가까이 옮기면 간단한 술상을 차리고 예를 갖춰. 마을 사람 누구나 참여하여 절을 하며 소원을 빌기도 하지. 사람들은 서로 술을 권하며 놀이마당 분위기를 만들어.

흥이 높아지면 수줄과 암줄을 서로 묶지. 두꺼운 줄을 어떻게 묶을까? 줄 머리에 미리 고리를 만들어 두어야 해. 수줄 고리를 암줄 고리 속에 넣고 비녀처럼 생긴 나무, 비녀목을 꽂는 거야. 비녀목은 빗장 역할을 해서 고리가 빠져나가지 않아.

줄이 워낙 굵고 길어서 줄을 다루는 것은 쉽지 않아. 하지만 재미로 일부러 고리를 꽂을 듯 말 듯 밀고 당기며 놀기도 해. 그러다가 비녀목이 제대로 꽂히게 되면 농악대는 축하의 뜻으로 신나는 연주를 해. 이제 덩실덩실 춤판이 벌어지고, 줄을 당기는 시간이 된 거야.

줄을 옮긴 후 고사 지내기

줄 옮기기

비녀목

　줄다리기는 편마다 대장이 있어서 편을 이끌어. 오래전부터 사람들은 암줄이 이겨야 풍년이 든다고 여겼어. 대장들은 암줄이 이기게 은근히 조정을 하며 시합을 끌어 가곤 하지.

　어떤 마을에서는 여자와 아이들, 그리고 결혼하지 않은 청년을 다 암줄 편으로 넣어. 나머지 결혼한 남자들은 자동으로 수줄 편이 되는 거야. 힘 센 청년들 덕분에 암줄이 이기는 건 확실해. 그래도 첫 판에는 줄을 살살 당겨서 수줄이 이기게 둬. 다음 판에서는 암줄이 있는 힘을 다하여 줄을 당기지. 내리 두 번을 암줄이 이기면 2대 1로 암줄의 승리야. 기원한 대로 마을의 풍년을 점칠 수 있는 거지.

　서로 다른 마을 사람들이 시합을 할 때도 있어. 보통은 동쪽 마을 사람들이 수줄을 만들고, 서쪽 마을 사람들이 암줄을 만들었어. 암줄이 이겨야 풍년이 든다면, 동쪽 마을은 흉년이 드는 걸까? 아니야. 이긴 암줄을 잘라서 나누어 가지는 거야. 그래서 모든 마을의 풍년을 바라는 거지.

새끼줄에도 암수가

줄을 꼬는 방향에 따라 사람들은 암수를 구별했어. 짚을 왼손에 놓고 오른손을 안에서 바깥으로 비비는 것은 오른새끼, 즉 수줄이야. 반대로 오른손에 짚을 놓고 왼손으로 비비는 게 왼새끼, 암줄이지.

귀신은 왼새끼를 무서워하고 싫어한대. 왼새끼는 거룩하고 신성하며 옳은 것을 상징하거든. 그래서 사람들은 악귀를 쫓을 때 왼새끼를 썼어. 아기를 낳았을 때 치는 금줄과 장독대에 치는 금줄도 왼새끼를 꼬아.

줄다리기가 끝나면 사람들은 이긴 암줄을 낫이나 칼로 잘라서 나눠. 나눈 것은 집으로 가져갔어. 풍년을 바라는 것도 있지만, 달여 먹으면 허리 아픈 데 좋다고 생각했거든. 아기를 못 갖는 사람이 아기를 갖게 된다고도 여겼지.

> 참고한 자료

1장. 기술을 뽐내다

대목장
〈고려 시대 건축 공장의 관직제도고: 조영 체제에서 본 한국 건축의 고대와 중세〉, 김동욱, 대한건축학외지 26권 106호, 대한건축학회, 1982
〈대목장 신응수: 역사를 되살리는 장인이 손길〉, 최태원, Koreana 17권 3호, 2003
〈대목장 전흥수의 충청 지역 목조 사찰 건축 연구〉, 김명희, 한서대학교 대학원 문화재보존학과 석사 학위 논문, 2007
〈조선 시대 건축의 이해〉, 김동욱, 서울대학교출판부, 2001

매사냥
〈16세기 후반 강원도 평강 지역의 매사냥 실태와 그 성격〉, 김인규, 문화재 36권, 2003
〈고구려 고분 벽화에 나타난 놀이 문화 연구〉, 전미선, 이화여자대학교 대학원 사학과 석사 학위 논문, 2005
〈고전 문학에 나타난 매와 매사냥의 형상화 양상〉, 박진태, 학교교육연구 7권 1호, 2011

한산 모시 짜기
〈소재의 특성과 감성을 중심으로 한 한산 모시 특성화 연구〉, 이순임, 충남대학교 대학원 박사 학위 논문, 2006
〈지방 분권화 시대 산업 클러스터의 상생과 협력에 관한 연구. 한산 모시 산업을 중심으로〉, 조순희, 건양대학교 대학원 박사 학위 논문, 2011
〈한산 모시의 특성에 관한 실험적 연구〉, 김병미, 과학교육연구 30권 1호, 1999

택견
〈전통 무예 택견〉, 우종희, 충남대학교 보운 34호, 2003
〈전통 무예 택견의 발달 과정에 관한 연구〉, 임영모, 연세대학교 교육대학원 석사 학위 논문, 2001
〈택견의 발달 과정에 관한 연구〉, 박범남, 김상철, 무도연구소지 8권 2호, 1997

제주 해녀 문화
〈영덕 창포리 해녀의 물질에 관한 전승 지식과 인식의 변화〉, 손동기, 안동대학교 대학원 석사 학위 논문, 2017

〈제주 잠수의 어로와 의례에 관한 문화인류학적 연구〉, 안미정, 한양대학교 대학원 박사 학위 논문, 2007
〈제주 해녀의 건강 생활에 관한 문화기술지〉, 김필환, 부산가톨릭대학교 대학원 박사 학위 논문, 2016
〈제주 해녀의 삶에서의 건강 관리 경험〉, 김지인, 이화여자대학교 대학원 박사 학위 논문, 2017

2장. 정성을 올리다

종묘 제례와 종묘 제례악

〈세계문화유산 종묘 이야기〉, 지두환, 집문당, 2005
〈세종실록〉, 30권 세종 7년 10월 15일, 1425년
〈세조실록〉, 32권 세조 10년 1월 14일, 1464년
〈세종실록〉, 126권 세종 31년 12월 11일, 1449년
〈유교 제례에서의 악의 의미-한국의 문묘와 종묘 제례악을 중심으로〉, 이희재, 충남대학교 유학연구소 유학연구 22권, 2010
〈조선 시대 유교적 국가 제사 의례와 음악-하늘, 땅, 인간과 음악〉, 송지원, 한국공연문화학회(구 한국고전희곡학회 공연문화연구 27권, 2013
〈종묘대제〉, 최준식, 송혜나, 주류성, 2016
〈천년의 이야기〉, 문화재청 종묘관리소, 문화재청종묘관리소, 2009

강릉단오제

〈강릉단오제 문화 원형과 문화콘텐츠 연구〉, 안광선, 관동대학교 대학원 박사 학위 논문, 2010
〈강릉단오제의 전승 상황 연구〉, 이경화, 관동대학교 대학원 박사 학위 논문, 2010
〈강릉단오제 참가자들의 축제 인식에 관한 연구〉, 곽연희, 경희대학교 대학원 석사 학위 논문, 2015

제주 칠머리당 영등굿

〈제주도 건입동 칠머리당 영등굿의 연행 기호 분석〉, 이유신, 성균관대학교 언론정보대학원 석사 학위 논문, 2004
〈제주도 영등굿의 축제성 연구〉, 한유진, 이화여자대학교 대학원 석사 학위 논문, 2009
〈제주 칠머리당 영등굿의 음악적 구성과 특징〉, 황나영, 한양대학교 대학원 석사 학위 논문, 2011

영산재

〈불교 영산재의 문화콘텐츠화에 관한 연구〉, 김영렬, 원광대학교 한국문화학과 박사 학위 논문, 2008
〈무형유산 활성화에 대한 고찰: 유네스코 인류무형문화유산 '영산재'를 중심으로〉, 오진희, 동국대학교 문화예술대학원 불교예술문화학과 석사 학위 논문, 2015

〈영산재 작법의 대중화 및 무대화 방안〉, 박미정, 한국무용연구 27권 2호, 2009
영산재 보존회 홈페이지 http://yeongsanjae.or.kr/

처용무
〈처용굿과 처용무의 성립과 변천에 관한 연구〉, 이예니, 고려대학교 대학원 석사 학위 논문, 2016
〈처용무에 내재된 미적 요소에 관한 고찰〉, 김지선, 단국대학교 대학원 무용학과 석사 학위 논문, 2002
〈처용 설화의 현대적 변용 연구〉, 오지원, 아주대학교 교육대학원 석사 학위 논문, 2007
〈처용 전승의 전개 양상과 의미 연구〉, 김유미, 부산대학교 대학원 국어국문학과 박사 학위 논문, 1998

3장. 어울려 즐기다

판소리
〈판소리 사설 연구〉, 설종환, 국학자료원, 1994
〈판소리 사설에 나타난 의성 의태어 연구-'흥보가'를 중심으로〉, 장숙영, 겨레어문학회 겨레어문학 56권, 2016
〈판소리에 수용된 가요의 연구 1〉, 유광수, 우리어문학회 우리어문연구 3권, 1989
〈판소리의 세계〉, 판소리학회 엮음, 문학과지성사, 2000
〈판소리의 시조 수용에 관한 연구〉, 이유진, 판소리학회 판소리연구 29권, 2010

강강술래
〈강강술래의 디지털 콘텐츠화에 대한 민속학적 연구〉, 이윤선, 목포대학교 대학원 박사 학위 논문, 2004
〈강강술래의 춤 연구: 해남 진도 지방 강강술래를 중심으로〉, 한금란, 이화여자대학교 대학원 석사 학위 논문, 1984
〈통합 교육을 활용한 전래 동요 지도 방안 연구-전래 동요 '남생아 놀아라'를 중심으로〉, 양하영, 원광대학교 석사 학위 논문, 2014

남사당놀이
〈김헌선의 사물놀이 이야기〉, 김헌선, 풀빛, 1995
〈민속 문화 길잡이〉, 심우성, 동문선, 2008
〈안성 남사당 바우덕이 축제의 구조와 효과에 관한 연구〉, 김상교, 한양대학교 대학원 박사 학위 논문, 2010
〈안성 남사당의 생성 과정과 변천 양상〉, 이반야, 중앙대학교 교육대학원 석사 학위 논문, 2014

가곡
〈가곡 연음표의 전승 현황과 음악 교육적 활용 방안 연구〉, 하경미, 단국대학교 대학원 국악과 박사 학

위 논문, 2013
〈가곡 연창 형식의 전개 양상 연구〉, 김영운, 성균관대학교 대학원 국어국문학과 박사 학위 논문, 2004
〈조선 전기 가곡의 한 양상〉, 조규익, 열상고전연구 8권, 1995
〈조선 후기 여창 가곡의 연구〉, 신경숙, 고려대학교 대학원 국어국문학과 박사 학위 논문, 1995
〈초창기 가곡 창사의 장르적 위상〉, 조규익, 한국시조학회 10권, 1994

줄타기
〈우리 공연 문화 읽기 9〉 줄타기의 유래와 특성, 심우성, 공연과 리뷰 73호, 225-229, 현대미학사, 2011
〈줄타기에서 보이는 재담의 기능과 특성에 관한 연구〉, 양하늬, 성공회대학교 문화대학원 석사 학위 논문, 2013
〈한국 줄타기의 역사와 연행 양상〉, 이호승, 고려대학교 대학원 박사 학위 논문. 2007
〈한국 줄타기의 역사와 연행 원리〉, 이호승, 고려대학교 대학원 석사 학위 논문. 2004

아리랑
〈아리랑 노래의 형성과 전개〉, 김기현, 퇴계학과 유교문화 35권, 2004
〈아리랑의 원형 연구〉, 조용호, 숭실대학교 대학원 국어국문학과 박사 학위 논문, 2011

김장
〈한국 전통 김치의 기원과 그 변천〉, 권계향, 경주대학교 대학원 석사 학위 논문, 2004
〈세종실록〉 6권, 세종 1년 12월 7일 정축 5번째 기사, 1419
〈보문 / 김치에 관한 문헌적 고찰: 김치의 제조 역사〉, 이철호, 안보선, 한국식생활문화학회 한국식생활문화학회지 10권 4호, 1995

농악
〈구례잔수농악〉, 국립문화재연구소, 민속원, 2011
〈남원농악〉, 김정헌, 민속원, 2014
〈한국의 농악-호남편〉, 김택규, 한국향토사연구전국협의회 수서원, 1994
〈사물놀이〉, 한국전통예술연구보존회, 삼호출판사, 1990

줄다리기
〈우리나라 줄다리기의 체육적 고찰〉, 송영주, 한국교원대학교 대학원 체육교육과 석사 학위 논문, 1994
〈산정동 줄다리기에 대하여〉, 박종수, 인문사회논총 5호, 2000
기지시줄다리기 보존회 홈페이지 http://www.gijisi.com
영산줄다리기 보존회 홈페이지 http://www.영산줄다리기.kr

사진 출처

* 이 책에 실린 사진에 대한 저작권은 (주)현암사에 있습니다. 그 외의 사진 출처는 다음과 같습니다.

11p. 기와이기 ⓒ 국립중앙박물관, 18~25p. 매사냥 ⓒ 한국전통매사냥보전회, 23p. 매사냥 그림 ⓒ 국립중앙박물관, 26p. 안악 1호 고분 ⓒ 공공누리, 31p. 모시 저고리 ⓒ 국립민속박물관, 32p. 한산세모시 ⓒ 충청남도역사문화연구원, 40p. 무용총 벽화 ⓒ 국립문화재연구소, 50p. 일정 강점기 해녀들 ⓒ 국립민속박물관, 52p. 해녀 ⓒ 제주해녀박물관, 54p. 빗창·태왁과 망사리 ⓒ 국립민속박물관, 60p. 신줏단지 ⓒ 삼척시립박물관, 72p. 씨름·단오 ⓒ 국립중앙박물관, 92p. 영산회상도 ⓒ 국립문화재연구소, 101p. 기해기사계첩 ⓒ 국립중앙박물관, 113p. 적벽가 ⓒ 국립중앙박물관, 146p. 일제 강점기 때 줄타기 ⓒ 국립민속박물관, 150p. 아리랑 ⓒ 국립한글박물관, 152p. 영화 포스터 ⓒ 국립민속박물관, 160p. 동국이상국집 ⓒ 국립중앙박물관, 175p. 1935년 줄다리기 ⓒ 국립민속박물관

■ **국립무형유산원**

3p. 모시풀 벗기기, 33p. 속껍질 벗기기, 34p. 이웃과 모여 모시 짜기, 실을 베틀에 걸어 짜기, 36. 택견, 64p. 종묘 제례 재현, 76p. 무당, 81p. 영등굿, 90p. 영산재, 93p. 행렬 의식, 95p. 법고춤, 타주춤, 115p. 소리꾼과 고수, 121p. 남생이, 132~135p. 가곡, 140~149p. 줄타기

■ **문화재청**

8~14p. 대목장, 16p. 소목장, 28p. 한산 모시 짜기, 33p. 모시실 말리기, 움집, 60p. 신주, 63p. 제례악, 75p. 제 올리는 모습, 77p. 관노가면극, 78~80p. 영등굿, 81p. 영등굿 악기들, 86p. 영산재, 95p. 나비춤, 바라춤, 96~102p. 처용무, 116~122p. 강강술래, 124p. 남사당놀이, 128p. 덧베기, 164~169p. 농악, 172~177p. 줄다리기

■ **Wikimedia Commons**

12p. 해인사 ⓒ Lauren Heckler, 26p. 카타르 매사냥 ⓒ Qatari, 27p. 멕시코 국기, 알바니아 국기, 31p. 모시풀, 42p. 대쾌도, 43p. 택견 ⓒ ilovebdt, 44p. 제주 해녀 ⓒ amanderson2(flicker), 46~48p. 해녀들 ⓒ 김형찬, 56p. 종묘 제례 ⓒ Noh Mun Duek, 65p. 편경 ⓒ ShalRath, 66p. 무무·문무 ⓒ 코리아넷 해외문화홍보원(전한/flicker), 68p. 종묘 ⓒ Goodbye4ever, 정전 ⓒ Daderot, 70p. 강릉단오제 ⓒ 코리아넷 해외문화홍보원(전한/flicker), 106p. 판소리 ⓒ bdnegin(Brian Negin), 109p. 판소리 ⓒ Steve46814, 112p. 평양도, 119p. 강강술래, 126~127p. 풍물놀이·무등 ⓒ 코리아넷 해외문화홍보원, 143p. 기산풍속도, 149p. 남사당놀이 줄타기, 152p. 북한 공연단 ⓒ Joseph Ferris, 156p. 김치 ⓒ Nagyman, 163p. 깍두기 ⓒ milkchug, 열무김치 ⓒ 경빈마마, 오이소박이 ⓒ Chloe Lim, 파김치 ⓒ karendotcom127, 176p. 프랑스 올림픽 줄다리기, 나하시 줄다리기 ⓒ 나하시관광협회, 178p. 비녀목 ⓒ Steve46814